# 给小卞同学的30封信

卞正乾 著

上海交通大學出版社
SHANGHAI JIAO TONG UNIVERSITY PRESS

**内容提要**

本书选取了作者(老卞)给自己的儿子(小卞同学)幼儿园及小学阶段的信件共 30 封，每封信就某一个主题和孩子进行讨论，内容涉及阅读、运动、挫折、音乐、演讲、写作、光、小红花、选择、团队合作等 30 个主题。信件会从一位临床外科医生(爸爸的职业)、父亲、曾经的儿童等多个视角展开，记录成长过程中的点滴日常，分享相关主题的建议与解决方法。这是一位父亲在当前时代背景下对孩子日常琐事的抽样记录，也是一个与生命打交道的医生家庭对孩子教育的长时间维度探索分享。

本书适合关注家庭教育的人群阅读。

**图书在版编目(CIP)数据**

给小卞同学的 30 封信/卞正乾著. —上海：上海交通大学出版社，2025. 5. —ISBN 978 - 7 - 313 - 32647 - 8

Ⅰ. G78

中国国家版本馆 CIP 数据核字第 2025MB6343 号

**给小卞同学的 30 封信**

**GEI XIAOBIAN TONGXUE DE 30 FENG XIN**

著　　者：卞正乾

出版发行：上海交通大学出版社　　地　　址：上海市番禺路 951 号

邮政编码：200030　　电　　话：021 - 64071208

印　　制：上海文浩包装科技有限公司　　经　　销：全国新华书店

开　　本：710mm×1000mm　1/16　　印　　张：11. 25

字　　数：159 千字

版　　次：2025 年 5 月第 1 版　　印　　次：2025 年 5 月第 1 次印刷

书　　号：ISBN 978 - 7 - 313 - 32647 - 8

定　　价：78. 00 元

# 前 言

## 我们为什么会给小卞写信

28 年前，我刚考上医学院，因为大学的学习习惯和住读生活不适应，我的学习遇到了麻烦。医学有太多需要背诵和理解的内容，老师上课速度又超快，有时一节课可以讲 30 多页，我渐渐觉得力不从心。这个状态当时对我的打击蛮大的，毕竟就在一年前的高中时，我还被当做“学霸”，常常被老师提及并表扬。

那段时间家里状况也不是很稳定，妈妈脾气比较急躁，她看我学习很累，会心疼，也常常会责怪父亲，毕竟当年高三填写志愿时，父亲是全力支持我报考医学院的。而父亲那时也刚刚遭遇了单位下岗，家里经济情况也变得有些吃紧。不过好在，他们始终对我很宽容，一直给予鼓励，从没有羞辱过我。慢慢地我走出了困境，最终适应且喜欢上了医学各个科目和临床操作，最后也顺利毕业成了一名外科医生。

十年后，大约是 2008 年，那时我已经是一名普外科高年资住院医生，快要结婚成家了。从父母老房子整理搬家物件时，我发现了一封信，一封父亲 10 年前写给我的信。那封信描写了父亲看我进入大学后意志消沉、萎靡不振时候的担忧，更表达了他对我的信任，和坚定站在我身后的决心。落款是：你永远的朋友。

我其实已经完全忘记了这封信的存在，直到 10 年后才回想起当年父亲轻轻敲开我的房门，把这封手写信递给我，叮嘱看一下的情境。我不确定这封信当时对我的帮助和触动有多大，毕竟我其实没有什么印象了。但当 10

年后我再看见这封信时，突然想起了10年前父亲那本分老实的面孔，布满皱纹的眼角，那双我心目中最巧的手里拿着的白色信封。我一下子全记起来了。

前段时间看了两本书，是梁启超先生和吴军先生写的，两位都是我很敬佩的人，一位是维新变法先驱，另一位是IT行业大咖。虽然这两本书的出版时间隔了一个世纪，但他们都碰巧用书信体给子女写了很多文字，这些文字记录了当时当刻的情况，也提出了解决方法，对我很有启发。

人生靠什么持续前行呢，在我看来是家人、老师、朋友的支持、鼓励与帮助。而那一个个重要的瞬间，就是一幅幅画面，一帧帧影像，在若干年后再看时会格外感动。而时间，会赋予这些瞬间更多的能量和威力，让我们日常工作后疲惫的身心重新注满温水。而且每个阶段会有每个阶段的画面，19世纪、20世纪、21世纪完全不同；小学、中学、大学、工作、婚姻也会遇到不同的经历。

我突然很想要记录，把这些都记录下来，从幼儿园起逐渐成长的那一件件事情、一帧帧画面，放在现在、5年后、10年后、50年后再读起来，时间也许会赋予它们更多的能量和意义吧。

当然这些信也不只是写给小卞同学读的。2018年我除了外科工作外，还承担了医院的模拟教学工作，学习了一些模拟医学教育理论。在教学实践中，我发现有些医学教育理论和教育孩子的方法是相通的。所以我会尝试将这些医学教育的理论融入日常教育。这种跨学科、跨领域的融合碰撞，我觉得非常有意思。目前来看小卞同学虽然学科成绩不能与班级“学霸”相比，但整体也算是心智全面、乐观开朗、稳步前进的。所以在这些信里也会融入一些实用的医学教育模型，和很多新手爸妈们分享我们的一些经验，也希望对您有些帮助和启发。

小卞同学，爸爸妈妈也是第一次为人子女，第一次做父母。虽没有经验，但一定会竭尽全力关爱和支持你，陪伴你成长。一转眼你也小学毕业了，很高兴这些从你幼儿园起给你写的30封信能够正式成册出版，这也是我们作为父母能送给你的、一份珍贵的毕业礼物吧。

最后，分享一个我小时候的故事。你的阿爷，我的父亲，是我小时候的榜样，无所不能的英雄。别看他现在年纪大，做事情手脚都慢下来了，可他年轻时候非常能干。阿爷阿娘结婚时的沙发、台灯都是他自己设计制作的，我还记得大学时他为我做过的电脑桌，可喜欢了。可是，在我高三那年，阿爷所在的纺织单位不景气，他被提前下岗，失去了工作。我清楚地记得，某天回家，阿爷满脸沮丧和愧疚地对我说：对不起，我们如果没有钱的话，你会怪我们吗？

不会，怎么会呢？阿爷和阿娘已经竭尽所能，给予我所有他们能给予的关爱和支持了，他们始终全力以赴的。小卞同学，我突然想到这个故事，是想和你说：我和妈妈都只是普通的医生，虽然读了一些书，工作也算稳定，但家里也谈不上富裕。而且，伴随着你的认知和能力的增强，我们也终将会老去，身体衰弱，视力模糊，思维缓慢，也许能给你提供的支持会越来越少。但不管怎样，就像你的阿爷阿娘、外公外婆一样，我们始终会竭尽全力，去给予你关爱、支持和自由。

我相信文字会比其他媒体维持时间更持久，我也相信长期主义，相信时间所能赋予的力量，所以只要身体还保持健康，我们会继续在你的中学、大学、工作、婚姻、育儿阶段写信给你，记录瞬间画面，分享我们的思考。直到我们写不动，离开人世的那一天吧，希望你不会嫌弃我们啰嗦。

在这篇前言的最后，我想和妈妈一起说：

爸爸妈妈，我爱你们！

小卞同学，我们爱你！

我们也爱这个世界！

老卞，小周

2025 年 1 月 29 日，蛇年大年初一

# 目　录

## 附 写给父母

01 第一封

# 请开始你的旅行

“一个人的行走范围，就是他的世界。”

——北岛

小卞你好，我是老卞，今年你已经三周岁了，我和妈妈很开心三年前你来到家里，我们仨儿能陪伴着一起成长。这三年看见你长大过程中发生的点滴，总觉得有好多话想和你说。但许多道理你还听不明白，我也怕现在不记录下来以后会记不清那些细节，那就通过写信的形式，记录现在的日常，寄给未来的你吧。如果你愿意看的话，不妨一读一笑一思。所以，小卞同学，准备好了没？这是写给你的第一封信，我们来聊聊旅行的意义。

写这段文字的时候你已经在大床上面睡着了，爸爸妈妈陪在你的左右，我们现在正在杭州，这是咱们第三次来这儿了。一直很想多带你出门旅行，看看外面的世界，只是最近实在太忙，所以也就只能是周边短途了。

还记得在你一岁多时，我们第一次出门旅行也是来的杭州。那时我们很没经验，手忙脚乱一团糟，包着大便的尿布把马桶也堵了，爸爸妈妈只能在满是臭味的房间里尴尬苦笑。希望你今天湿了远方的床，明天也别忘了诗与远方。

还记得在你两岁时，第一次坐飞机，我们还挺担心的。虽然提前一周做了好多心理建设，还是不确定起飞时你会不会哭闹。可你真的是表现超棒哦，自己拖着你的红色旅行箱，小小的身材脚步镇定地走向登机口，引来周边侧目无数，爸爸妈妈走在你后面也为你感到很骄傲。还有你候机时隔着大落地玻璃看到飞机起降的表情，开心疯了，跟着飞机起飞的方向边跑边笑，快乐得像个孩子。哦，对了，你本来就还是个孩子呢！

（第一次和爸爸妈妈坐飞机去青岛，2岁）

还记得你在三亚第一次肯走下泳池了，这对其他孩子可能算不得什么，可对你却是个坎儿。看着你一点点接近那个儿童泳池，然后又只敢在边上看其他小朋友玩，脸上交杂着羡慕与害怕。接着慢慢坐在池水边用脚踢起水花，最终双脚在水中站定并慢慢走了起来，脸上的担忧全不见了，只有快乐和自豪。真好呀，什么事情我们总要去试试，对吗，不试怎么知道自己可以呢？

爸爸很喜欢陈绮贞的一首歌《旅行的意义》，特别好听。

那么什么是旅行的意义呢？这可是不容易回答的，一百个人怕有一百种不同答案。不过，细细想来，我觉得大概有这么三点比较重要。

## 一、发现美，认识美

小下同学，我其实还蛮羡慕你的，小小年纪就可以出去玩。我们小时候可没有那么多旅行机会，仅有的几次也只是到某某著名景点拍个照，留个纪念而已。后来，随着年龄增长走过了一些地方，才慢慢体会到了旅行的美，感受到那种在路上，与突如其来的画面碰撞，带来的冲击与感动。

记得那是在奥地利的萨尔茨堡，马上要坐火车离开，离发车还有几小时，就去市中心的米拉花园走走。在一处玻璃花园的外面，坐在长椅上晒太阳，也晒晒疲倦的自己。阳光正面冲下来，很刺眼，右前方远处山上是那个著名的石头城堡，左面的花园入口处有位民间艺人在拉小提琴，是那首*Love Story*。

当时一下子就被击中了，泪流满面根本停不下来，却不是觉得难过才哭的，反而觉得太美了。这画面，这暖阳，这音乐，这情绪，唯有身临此刻才能有这么强的冲击感。我想，单单看任何照片都是无法体会的吧。对了，还记得那次回来飞机上一起看到的云海和晚霞吗？美吗！爸爸也没有看到过这景象呢！

## 二、多样的刺激

爸爸小时候住在曹杨新村，那是上海第一个工人新村。曹杨新村很大，由一条条马路分隔成一到九村。我那时住在曹杨三村，那里可以说是我小学时期的全部活动空间。男孩子么，总想着冒险，探索未知世界，于是我和小伙伴们经常会结伴去其他几个新村探险：哪里有一串红可以嗦出甜味来，哪家小院子夏天会结小葡萄冒出墙头。每每有意外发现，就觉得自己很了不起，那幸福感不亚于哥伦布发现了新大陆。

我们甚至还手绘了一张完整版的曹杨新村一到九村地图。是的，你可能也会觉得，对那时的我们来说，世界的全部就是曹杨新村，感觉无边无际一样。你大概想说井底之蛙吧，实际也确实如此。

小卞同学，我和你说这些是想告诉你，这世界也是如此的，它包括不同的城市、语言、肤色、文字和饮食，只有走出去认识了世界之大，才能够察觉到自我的渺小，才能对万物产生敬畏之心。还记得我们在青岛第一次看到大海，波涛起伏，浪声环绕。那一刻你好像完全呆住了，痴痴的，然后半天才蹦出一句话：大海太大了！

（第一次带小下同学来青岛看海，2 岁）

## 三、体验迷你版人生

小下同学，旅行和人生其实有点像的，随时都会有各种情况、意外，甚至挫折打击突如其来，需要我们去面对、克服、承受。还记得虎跑泉的那场大雨吗？我们去山上拜见弘一法师舍利塔，一道雷击就落在我们不远处，眼前白色炫目。还记得你在青岛时生病发烧吗？半夜难受得从床上头朝下滚到地上，咚的一声吓死我们了。哦对，还有今年原本是计划着要带你去泰国的，行程都定好了，最后还是因为时间冲突取消了。

旅行和人生还有一点很相似，在你小的时候都是爸爸妈妈领着你，陪着你；等你大后会单独和同学朋友们一起出门；最终也会独自出发或带着你的爱人与孩子出游。这不就是人生的缩影吗？父母终不能陪伴你终生，只能领着你，伴着你，引着你走上一段人生路。不管愿不愿意，主动被动，终究都要放手，目送你独自旅行，越走越远，独自面对这复杂无常，却也精彩无限的世界。

愿你能坚定迈出自己的脚步，哪怕有时候跌倒，哪怕有时又被狂风吹得倒退几步，有什么关系呢，我们是小战士呀，爬起来，拍拍身上泥土，继续朝着目标走去吧。无论行程遥远，路途艰险，只要脚步不停，就有成功的希望，到达的可能。

爸爸妈妈愿与你一起去发现更多的美，攀爬更多的山，经历更多的旅程与人生。小卞同学，我和妈妈都是第一次为人子女，也是头一回学做父母，这人生的旅途中也请你多多关照，我们一起加油哦。

老　卞

2017 年 7 月 16 日

02 第二封

# 爬上那座山丘

“进一寸，有一寸的欢喜。上一层，看一层的风光。”

——胡适

小卞你好，我是老卞，这是写给你的第二封信，我们来聊聊爬山，给三岁的你。

现在是晚上 11 时半，你已经睡下了，玩了一天有点累了吧，我也只有在你睡着的时候，能够做点事情，想点事情。老实说我蛮喜欢这样的时刻，完全自由的时间，可以想任何事情，也可以什么都不想，或者只是单纯想有什么话要跟你说的。

今天你很勇敢，挑战了儿童乐园里从没有成功爬上过的大斜坡。虽然有点勉强，虽然有点抖豁，但总算是成功了。看着你在坡顶上面又蹦又跳，然后一遍遍尝试重复攀登，快乐还有汗水，从身上的每个毛孔都散发出来，爸爸妈妈也都很兴奋呢。

爸爸也很喜欢攀爬，小时候每次去大娘娘家，那是石库门房子，我除了爬上阁楼看《五角丛书》、看姑爹和娘娘打牌，就是沿着大铁窗爬上爬下左右横移了。等再大一些的时候，爬的最多的是家旁边、长风公园的铁臂山，还有那条勇敢者道路。

记忆中的勇敢者道路，机关重重，步步玄机，全部过关要经历 36 个卡。这其

中印象最深的，是一座很高很高的双排滑梯，那种铁皮滑梯，滑下来超快超刺激，屁股也会被摩擦起热的。这座滑滑梯架在一条小河的两端，你要先沿着很陡的扶梯上到一个小平台，然后深吸一口气，尽量不看不想下面有多高，坐下来，调整呼吸，嗖地滑下直到对岸。滑的时候还要控制好速度，千万不能站起来，以免倒栽葱摔到湖里。每一次攀爬和滑下，都让我心跳加速，也成就感爆棚。

可是你知道吗，等我高考结束后，又去过一次长风公园，却发现无论是小时觉得高耸入云的铁臂山，还是曾让我害怕到脚骨发软的双排铁皮滑梯，在 18 岁的我看来，都已经变得那么矮小，根本不是印象中的高大威猛样儿了。

所以小卞同学，你发现了吗，人生其实就是由一个个难度不断加大的陡坡组成的。3 岁与 6 岁面对的坡度是不一样的，9 岁面对的滑梯与 18 岁面对的高考，难度也是不一样的。我们要随时准备去攀登挑战下一座山峰，对

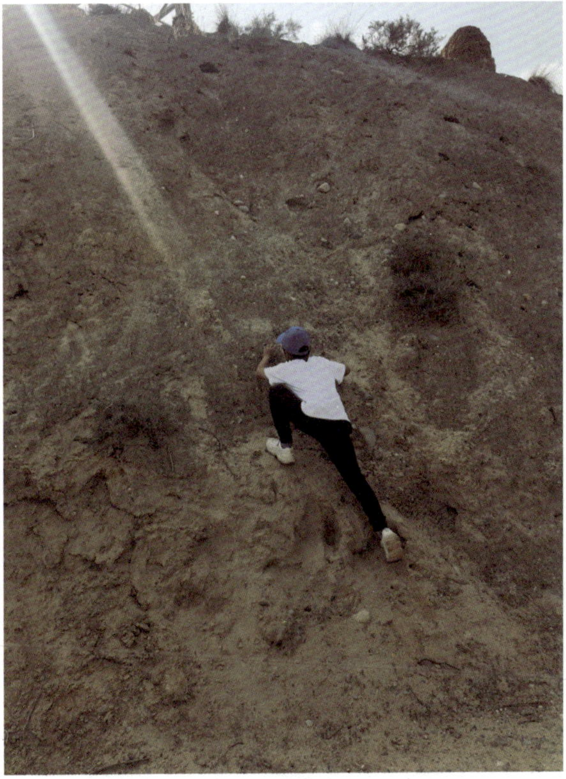

（户外不知名小土坡攀爬，5 岁）

3 岁的你和 39 岁的我都一样。

不过小卞同学，爬山有时真的蛮累的，在这过程中需要不断训练，掌握更好的登山技巧。但远比技巧更重要的，是信心，是坚持，是期待。

信心，是对自己能力的评估与信任。

坚持，是累到极限时候再继续迈出的步伐，也是死撑。

而期待，是那山顶风景，是对你努力攀爬的最好回馈。

好多年前，我去梅里雪山脚下徒步，那儿海拔是有点高，缺氧加头疼，让人有点打退堂鼓了。可当我们一行几人相互鼓励着，并最终爬上一个小山头，你知道我看到了什么吗？那雪山主峰，就这么正面迎着我们，那么近，雪白雪白的，光线透过云层斜斜洒到山坡上面，隐约还能看到雨后彩虹，那种冲击，那幅画面，我一直深深刻在脑子里，仿佛昨天才见到一样。

不过，你却也别指望每次到了山顶都会看到美丽的风景，更别期望每一次的攀爬都能登顶哦。比起成功，其实失败的概率和频次，会更大更多。有时由于你计划错误，有时是被人误解，也有时确实能力不足，火候未到。我当然也不是每次攀爬都能登顶，每件事情都能成功的，很多次也有失败和挫折的体验。

嗯，有的时候那挫折，打击力度好像还蛮大的。

（第一次去瑞士采尔马特徒步，10 岁）

可是小卞同学，失败有关系吗？这世界上大概只有一类人是永远不会失败的，那就是什么都不尝试的人。这段时间，你下午睡醒了都在玩乐高轨道积木，有时候搭不到你想象的那个形状，会着急甚至难过起来。前些天我鼓励你的话是，“失败有关系吗？没关系，再来一次，再试一次”。

不过今天，我觉得你妈妈说的一句话更合适，她说：

“失败有什么关系呢，你只是还没有成功罢了。”

现在我的耳机里，一直在单曲循环播放着一首歌，李宗盛的《山丘》：

> 嘻皮笑脸，面对人生的难；
> 也许我们从未成熟，还没能晓得就快要老了，
> 尽管心里活着的还是那个年轻人，
> 因为不安而频频回首，
> 无知地索求，羞耻于求救，
> 不知疲倦地翻越，每一个山丘。

不过，其实爸爸也是有个秘诀的，能够让你每次都能爬顶。想知道吗？

攀登一座山丘最重要最关键的，不是计划，不是技巧，更不是体力，而是你坚定迈出去的第一步。是的，迈出的第一步。怎么去爬，在最初时候完全不必过多纠结，最重要的是你想不想去做。只要想，只要迈出最难的第一步，后面的困难都不会是你的对手了。

因为，所有的困难，都是用来解决的。

小卞同学，现在是凌晨 1 时，明天我们还要一起去挑战新的山峰呢，削个苹果，睡觉。

老　卞

2017 年 8 月 7 日

03 第三封

# 如何喜欢上阅读

“读书可使人充实，讨论可使人敏锐，笔记则可使人严谨。”

——弗朗西斯·培根

小卞你好，我是老卞，这是写给你的第三封信，我们来聊聊如何能喜欢上阅读。

这段时间你总是喜欢坐在沙发上，手里捧着一本图画书，眼里闪烁着对故事的好奇和渴望。书架上也摆满了你喜欢的书，从童话故事到科学探索，从迷宫游戏到交通工具，你就像是个小小探险家，对每本书都充满了兴趣，如数家珍。

你知道吗，阅读对于小朋友来说，就像是拥有了一根魔法棒，不仅能带我们飞到任何想去的地方，去到想去的时代，还能让我们和任何人对话。相比看电视的音画和手机里的游戏视频，阅读有着它独特的魔力。

（1）专注力的小秘密：你有没有发现，当沉浸在书的世界时，周围一切都好像消失了？你完全被故事吸引，连妈妈叫你吃饭都没听见？这就是阅读的神奇之处，它能让你的注意力像激光一样集中。

（2）系统的学习之旅：手机里的信息虽然多，但它们就像一盘散沙，东一点西一点，很难让我们系统地学习。而书籍就不一样了，它就像一位耐心的老师，从第一页开始，系统地教给我们知识，让学习之旅既有趣又有深度。

(3) 未来探索的基石：阅读不仅能让我们现在学到知识，还能为我们的将来打下坚实基础。就像盖房子一样，如果我们现在就用一块块砖（一本本书）把地基打得牢牢的，将来我们就能盖出更高更稳固的知识大厦。

（上海浦东图书馆阅读，5 岁）

小卞同学，当你翻开一本书，就像是打开了一扇通往上下五千年和想象力的大门，你可以和哈利·波特一起在霍格沃茨魔法学校学习魔法，也可以和鲁滨孙一起在荒岛上冒险生存。今天，我想和你分享一些如何喜欢上阅读的方法。

怎样才能让我们更加热爱阅读呢？我想，有三个要素是最重要的：时间、兴趣与陪伴。

## 一、时间

关于时间，有两点特别重要：

第一，越早开始阅读越好；第二，阅读永远不会太晚。

现在的书本设计得非常巧妙，甚至有专门为一岁以内的婴幼儿设计的触摸书。所以，即使是一岁的小宝宝，也可以通过颜色、图形、触感来阅读一本书，增加对世界的认识。而对于之前阅读量不多的孩子，不管现在是 5 岁、

10 岁还是 15 岁，任何时候开始培养阅读兴趣都不晚，因为读书是无限的，学习是终身的。

## 二、兴趣

我们常常困惑不知道该给孩子选什么书好，也焦虑孩子对读书没有兴趣。怎么办呢？我觉得最有效的办法就是把选择权交给孩子。想象一下，如果我们和家人一起去逛街，你看中了一件衣服，觉得太好看了，可就在你想付钱的时候，妈妈却不肯买单，而强行帮你选了件你觉得过时、老土的衣服，你会怎么想？至少我想，你那天应该不会太开心，以后可能再也不愿意和妈妈一起逛街了。

看书和选书也是这个道理。记得你小时候最喜欢的就是小火车，只要有火车的书，都会激动得不行。看书也一样，你有大概半年的时间只看与火车相关的书，其他书看都不看。我们也曾经很急，想给你挑些其他方面的书籍，结果你也碰都不碰。后来我们索性顺其自然。然后，你就从火车衍生到汽车、飞机、旅行、海洋、生物，不断扩展着兴趣点和阅读范围。试想，如果在最初的火车阶段我们就强制你看其他书籍，而毁了你对阅读的兴趣，那代价才真的是太大了。

（西西弗书店买书，4 岁）

## 三、陪伴

孩子很小不会阅读的时候，父母高质量的陪伴特别重要，孩子的世界是很依赖于父母引领的。在很小的时候你就需要父母陪伴阅读各种绘本，这里有几点经验可以与你分享。

(1) 每天有固定的阅读时间。如果可以的话，每天晚上睡觉前的半小时要留给阅读，雷打不动，一般在这个时间段可以读4～5本绘本，至于读什么，由你自己来决定。

(2) 出行随身带书路上看。家庭出行前一件很重要的事是让你选择要看的书，带在路上看。因为是你自己挑选的，等到了火车或飞机上就会第一时间想到要父母给你读书，而且往往会一本绘本读上个好几遍。

(3) 书本是最好的礼物。无论什么节日，我们都会把书本作为礼物。如果你有什么事情做得特别出色，也会把晚上多读一本书作为奖励。我们是这样觉得的，如果把做完事情后允许玩一局手机游戏作为奖励的话，你也许会把手机和电子游戏作为最大的追求；而如果把阅读作为奖励，久而久之，自然会领悟、会习惯书本才是最好的东西，最佳的追求。

(4) 点读。点读其实是三岁以后开始做的，每天读绘本时，用手指点着字来阅读，也不去刻意强调识某个字，只是这样手指点着字阅读。时间久了，会发现你也能认识一些字了，特别是你喜欢的几本书，几乎可以自己这样读下来了。

(5) 角色互换。从你五岁起，我们有时候会在读书时故意装作很累(其实有时候是真的很累)，对你说，今天爸爸妈妈累了，读不动那么多书，要不今天这样吧：你读一本给爸爸妈妈听，然后爸爸妈妈再读两本给你听好不好？一开始你总是拒绝或扭捏的，适当鼓励后，现在晚上的阅读时间你会说，爸爸今天我先给你读两本，然后你再帮我读两本，好不好呀？

关于培养孩子的阅读兴趣，其实还有一个很重要的点——父母的榜样作用。如果父母也热爱阅读，喜欢学习，我想这种氛围一定会感染到孩子的。反之，如果父母只是把书本扔给孩子，自己却捧着手机刷视频玩游戏，

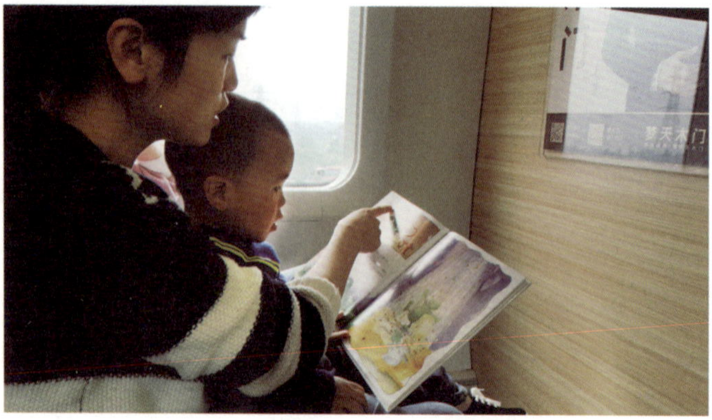


（坐高铁去杭州路上，3岁）

我想很难能说服孩子相信读书是件很有趣的事情。

小卞同学，阅读是一盏灯，一把钥匙，让我们一起书海遨游，探索未知，增长智慧。愿你在未来的日子里，与书为伴，终生为伴。

老 卞

2018年3月6日

04 第四封

# 每天都往账户存一点

“你爱孩子，孩子爱你。”

——高尔基

小卞你好，我是老卞，这是写给你的第四封信。今天，我们来聊个特别的话题，情感账户。

你可能会觉得“情感账户”这个词有点陌生，但它其实就在我们每天的生活中。记得有一次，我路过一家英语培训机构，看到一位妈妈在门口大声训斥孩子，那个孩子看上去和你差不多大，五六岁的样子。那位妈妈很生气，因为她觉得孩子上课不专心，很多学过的单词都不知道，她花了很多钱让孩子来学习，孩子却没有达到预期。

小卞同学，你知道的，当众训斥孩子很不好的，会让小朋友感到羞愧和受伤。而且，学习这件事情，本来就不应该急功近利。每个孩子都有自己的特点和进度，我们不能用一把尺子去衡量所有孩子。更关键的是，如果这样做，会让我们的情感账户清零。

## 一、什么是情感账户

情感账户，是一个比喻，来自孙瑞雪老师的《爱与自由》这本书。孩子在成长的过程中，需要一个充满爱的环境，这个充满关爱的环境，就可以看作情感账户。如果父母的爱是稳定的，孩子就会感到安全，他们不需要去讨好父母来获取关注，而可以把精力放在探索和认识这个世界上。相反，如果父母的爱是不稳定的，孩子就会感到焦虑和恐惧，害怕失去父母的关心，变得特别依赖父母。

那么情感账户有什么用呢？

我们每个人做事的效率都和情绪有关，孩子也是如此。如果你的情绪低落，怎么可能高质量地完成学习或参与活动呢？所以，让小朋友们保持积极的情绪和心态，是非常重要的。当你身处在一个充满关爱的家庭环境中，当你的情感账户里存款充足时，自然就会情绪饱满，充满安全感，勇于探索。反之，孩子可能会遇事畏首畏尾，不敢尝试新事物。

（第一次去临港海滩边挖泥巴，7 岁）

## 二、怎样能每天往情感账户里存一点呢

这个答案其实很简单，只需要每天的拥抱和亲吻，微笑和安定的表情，温柔而坚定的语言。

（1）拥抱和亲吻的力量。科学家们发现，身体接触，比如拥抱和亲吻，可以释放一种名为“催产素”的荷尔蒙，它能帮助我们减轻压力，提高信任感，增强社交联系。所以，每天给你一个温暖的拥抱，不仅是表达爱的方式，也是在给你的情感账户里存入“正能量”。

（2）微笑和安定的表情。你知道吗，微笑有着神奇的力量。它不仅能让我们的心情变好，还能传递给周围的人。当你看到爸爸妈妈脸上的微笑时，你是不是也觉得很开心、很安心？这就是微笑的力量，能让你感到被爱，感到安全。

（3）温柔而坚定的语言。我们和你说话时，总是尽量用温柔而坚定的语言，这种语言能够让你感到被尊重，同时也能明确我们的期望。比如，当我们说“我们现在需要去做作业了，做完后我们可以一起玩你最喜欢的游戏”，这样的语言既表达了我们对你的理解，也传达了我们需要完成的任务。

## 三、如何更有效地往账户里“存款”

还有一种方法，存款的速度特别快，那就是做游戏。亲子游戏可以促进父母与孩子的沟通，消除隔阂，让孩子摆脱低落情绪，重拾向前的动力。通过游戏，我们还可以学习如何与他人合作，面对挑战，共同解决问题。那具体怎么去玩游戏呢？

（1）每天有固定游戏时间。我们可以每天设定一个固定的游戏时间，比如30分钟，在特别忙的时候，哪怕只有10分钟也行。这个时间，就像是给你的情感账户快速存款的时段。我们家有个特别的传统，叫做“找金矿”，最开始的形式其实就是把某样东西藏起来，让你去找，你对这件事情乐此不疲。到后来逐渐发展成了各种游戏，折纸、搭积木、乐高、玩水，反正都统称为“找

金矿”时间。

(2) 把游戏项目的选择权交给你。无论是什么游戏，我们都把项目的选择权完全交给你。这样做有两个好处：一是让你有更好的参与度和热情；二是让爸爸妈妈可以轻松一些，只要投入地陪你一起玩就行。

(3) 保留暂停游戏的选项。每个孩子都有做错事的时候，当这种情况发生时，我们可以选择暂停游戏的方式来进行教育。暂停游戏不仅是一个让你反思的机会，也是一个让我们沟通的时间。我们可以坐下来，谈谈刚才的行为，有哪些需要反思的地方，以及我们如何改进。这样的对话，虽然可能会让你有些不开心，当天不能给你的情感账户存入款项，但比起严厉训斥或公开羞辱这类会让情感账户清零的方式，效果要好很多，也能让孩子认识到错误和找到改进的方法。

(周日上午父子篮球对抗，7 岁)

小卞同学，每位孩子都有自己的性格特点，有些热情主动，有些内敛细致。这些都没有对与错，好或坏。我们只要相信每位孩子都能茁壮成长，给予爱与自由，每天定时往情感账户里存款，他们一定都能找到适合自己的生存空间和成长方向。

祝你的"情感账户"余额越来越多，
你也越来越自信，健康成长。

老　卞

2019 年 6 月 3 日

05 第五封

# 那就做朵向阳花

“风会熄灭蜡烛，却也能使火越烧越旺。对随机性，不确定性和混沌也是一样：你要利用它们，而不是躲避它们。你要成为火，渴望得到风的吹拂。”

——纳西姆·尼古拉斯·塔勒布

小卞你好，我是老卞，这是写给你的第五封信，我们来聊聊幼儿园毕业。

6 岁那年，我从曹杨新村一所幼儿园毕业。毕业那天拍了一张集体照，我缺了一颗门牙，张开嘴在那里笑得很欢。我在幼儿园里有一个好哥们，直到今天还记得他的名字，马良。

没错，就是那个神笔马良的马良。他和我约好，要做一辈子的好朋友，我们要一起读小学、中学、大学，工作也要在一起。

绝不分开。

然而幼儿园毕业才一个月，他家就搬走了，我再也没能见过他，直到今天。

在我记忆里，那大概是自己遭受过的第一次重大打击，夜里睡觉都哭醒过好几回。好在挺过了暗黑时刻，进小学没几天我就又有了新朋友。

小卞同学，今天你也幼儿园毕业了。这三年幼儿园，你的变化实在太大了。从一个运动能力很弱，不敢在大家面前说话，也不太主动交流的小朋友，逐渐长成了自信、勇敢、坚忍的大男孩了。这多亏了幼儿园林老师和其他老师们的耐心引领，多亏了长辈们的辛劳付出，也多亏了同学们的共同玩耍。

挺开心的日子，我想和你说的有好多。可是话到嘴边蹦出来的只有这个我自己上幼儿园时，有一点小忧伤的故事。为啥还要和你提这个有点忧伤的故事呢？

因为你长大了，慢慢要逐渐脱离父母的牵手，自己学着独立往前走了，要开始学着做一朵向阳花了。向阳花，又叫向日葵，是一种可高达 3 米的大形一年生菊科植物。我是最喜欢这(ke)种(gua)花(zi)了。

在我眼里它有三种象征意义：向善、向上、向阳。

## 一、向善

什么是最快乐的事儿？

也许一百个人有一百种答案，比如对现在的你来说，是游乐场，是动画片，是搭积木。还有一种很高级的快乐，就是帮助别人。

爸爸是一名外科医生，最快乐的事情是病人手术后出院的那一刻，能帮助别人延续生命，让我觉得自己很快乐。还记得吗？两年前的“一个鸡蛋 50 公里暴走”，你陪着爸爸走完了最后一公里，到达终点那一刻我们俩都特别开心。因为那次参加的活动能为山区小朋友捐好多好多买鸡蛋的钱，帮他们补充营养。

(父子一起参加“一个鸡蛋的慈善暴走”活动，4 岁)

你知道吗，小卞同学，我那天能走完 50 公里，主要是因为你。因为我知道你从下午 5 时多开始就在离终点 1 公里的地方等我，一直空着肚子等到了快晚上8时。虽然那天走到下午，我的膝盖肿了，脚瘸了，体力槽也空了，可是只要一想到你还在最后1公里处等我，我就会充满动力一直往那个方向挪动步子。

谢谢你帮助我走到了终点。

可是小下同学，帮助别人可不是随便能帮的，你得要成长，你得有能力，你得够强大。先成长后助人的人，才是个善人。要是没有足够的能力，却整天叫着要拯救世界的话，可能会成为累赘，甚至会起反作用。

## 二、向上

人的一生有很多阶段，学生阶段、工作阶段、育儿阶段、退休阶段。

学生阶段还可以分为幼儿园、小学、中学、大学，等等。

可有一件事，应该是纵贯整个一生的，就是不断学习，不断向上。

人生好漫长，不用来学点什么太无聊了。人生也好短，不抓紧学点什么太可惜了。有一句话特别有意思：如果你不按照自己想的去生活，迟早会按照你生活的去想。

人都是会往前走的，不论你是自己选择前行的路，还是随波逐流被生活压力推着走。如果能够早点学习，终身学习，就能给自己多一些选择，就可能站在高一些的地方，拥有更好的视野，结交更多志同道合的朋友。

（第一次参观视觉艺术展，6岁）

## 三、向阳

开头已经介绍了我遇到的第一个人生挫折，其实后来才发现，那只是我遇到的挫折中最小的一个。孩子，你长大的过程中也会体验到各种挫折的。

不是大概率，而是百分之一百。

就好像昨天下午，你在足球训练课后的分队比赛中进了一个很漂亮的球，不过你的这一队还是输了。虽然你有点难过，但输了就是输了，咱们得承认自己还技不如人。但只要不认输，下次就还有机会赢球。

（参加上海图卢兹足球青训营，4 岁）

人最大的本领是抵抗得了挫折，无论什么挫折失败，拍拍灰再爬起来就是，如果就此趴在地上，那就真的结束了。

所以孩子请记住，任何时候都要选择：

向善、向上、向阳。

我其实很喜欢汪峰的那首《向阳花》，送给你：

前方的路是那么漫长，
也许你会迷失方向，
如果你可以　如果你能够，

希望你是　那纯洁的向阳花；
在这美丽的　艰辛的生命中，
坚强地　灿烂地绽放。

祝你幼儿园毕业快乐！
我们小学见。

老　卞
2020年6月28日

06 第六封

# 坚忍力是第一生产力

“有风有雨是常态，风雨兼程是状态。风雨无阻是心态，风调雨顺是生态。”

——李民

小卞你好，我是老卞。这是写给你的第六封信，我们来聊聊一个成长过程中很重要的品质：坚忍力。

先说一个故事吧。有位王子叫悉达多，想去周游世界寻求真理，他经历了种种困难后终于有了一些领悟心得，有人问他你是怎么有今天这样的认知的呢？王子说：“我有三个本领，可以助我克服一切困难到达成功，这三个本领分别是：思考，挨饿，还有等待。”

悉达多说，在这三个本领中，他最引以为豪的是挨饿。他可以辟谷打坐，两周不吃任何食物。因为能挨饿这个本事，在没有粮食的时候，他就可以扛过去，并保持着思考，等待转机。

这是黑塞写在《流浪者之歌》里的一个故事，也是我最喜欢的书之一。当然，挨饿在这里只是一个比喻而已，它象征着遇到困难或完成任务时所需的一种能力：坚忍力。

坚忍力是什么？就是我们在制定目标后，能正面克服各种困难，并最终完成计划的能力。

为什么坚忍力那么重要呢？主要有三点原因：

第一，坚忍力是长期主义的助推力；

第二，坚忍力是保守主义的行动力；

第三，坚忍力是个人成功的驱动力。

## 一、坚忍力是长期主义的助推力

长期主义这个词最近几年出现挺多的，它说的是一个人看待世界变化的角度，也是一种个人精神态度。一般来说，内心比较强大，有安全感的人，他的精神气质会比较倾向于长期主义。

比如脸书(Facebook)的创始人扎克伯格，他在大学里创业写了个软件，微软想要花200万美元买下来，但是他不卖，一个穷学生就这样拒绝了200万美元。后来在脸书成长的过程当中，他遭遇到了资金的挑战，面临着资金的危机，有人出价5亿美元收购他的公司，他还是拒绝了。我们可以说扎克伯格内心有一种长期主义的精神气质，因为不是所有人都能抵挡住5亿美元诱惑的。

在这中间最困难的事情，是面对200万美元和5亿美元，要有坚强的能力和定力去拒绝呀。我不知道扎克伯格在拒绝时候的心理活动和面部表情，我想大部分人，都会非常纠结和面露不舍的。

长期主义要求我们看问题、作抉择时要看得远一些，不要急功近利。只要觉得是正确的事情，是真正要完成的使命，并且经过评估后觉得有机会去完成，那就去做吧。只要有长期主义的观点，就有了完成的信心和一丝机会。而坚忍力，那种遇到诱惑能够抵挡得住，遇到困难能够扛过去的能力，是保证到达最终目标的最好助推器。

## 二、坚忍力是“保守主义”的行动力

“保守主义”这个词是从吴军先生的书里看到的。当然，这里的“保守主义”是有一个引号的，它并不是指什么事情都要顽固守旧。“保守主义”也提倡变革，只是提倡不要太过于激进、冒进、盲进。

保守主义者认为所有重大决策都应先经过思考分析，充分判断利弊后再行动，而一旦决定行动，他们一般具有超强的行动力，愿意忍受暂时的困难而追求长期的回报。所以从这点来说，保守主义与长期主义是有共通之处的。

不过相对于过于冒进获得的短时利益，保守主义更提倡的是细水长流，获益与安全是综合考虑的，在这方面，能否抵挡得住短时的诱惑，不冒险激进，就需要具备坚忍力。

（第一次体验攀岩，5 岁）

## 三、坚忍力是个人成功的驱动力

小卞同学，可能你以后会思考：怎么才能取得成功呢？

这个问题的答案，稻盛和夫先生曾经思考并写在《思维模型》这本书中：

成功＝思维模型×天赋能力×努力程度

我们通常都认为，一个人要做好一件事情，或者学习某项技能，首要看那人是否有这方面天赋。古人说，看老天爷是否赏饭吃。可是稻盛和夫说，在这个成功公式里，思维模型的重要性排第一，努力程度排第二，相对最不重要的反倒是个人的天赋。因为我们每个人的天赋能力其实是基因决定了的，后天很少能改变，而且除了个别天才选手外，大部分人的天赋都差不多。思维模型主要是指拥有正向积极思维，凡事积极乐观向善。除此之外，我们个人最能够把握的因素，就是付出比别人更多的努力，更坚忍。

小卞同学，你还记得 5 岁时候我们一起去爬汉拿山的经历吧。那次你的表现真是大大出乎爸爸妈妈的预估。虽然在爬山之前，和你强调了过程的艰苦与坚忍的必要，但爸爸心里其实还是蛮担心你的体力能否支撑得下来。没想到你却一路领先，并且边爬边喃喃自语：“如果你觉得累，脚步可以慢一点，但绝对不能停。如果你觉得累，也绝对不能说出来，就让累在心里面睡觉去吧。”最终你第一个登顶成功，我们都为你感到高兴和自豪。更高兴的是，你在这次登山过程中展现出的超强坚忍力。

虽然你个子小小，脚步也很小，体力也弱，可是只要你有强大的坚忍力，只要自己不放弃，脚步永远向前，终究是可以登顶的。而有多少人是放弃在半山腰的呢？

小卞同学，写这封信的时候，你正在经历一个挫折，攀岩课程上的一个难点始终都跨越不过去。有一次上课结束后还要自己加练，尝试很多次，直到岩馆晚上熄灯关门。这很好，虽然到目前为止这个难点还是没能突破，但只要肯继续尝试，我们都知道一定会有爬上去的那次。加油，祝你成功！

老　卞

2020 年 12 月 20 日

07 第七封

# 让我为你弹首钢琴曲

“学习音乐不仅是为了掌握一门技能，更是为了培养对美的认识和欣赏能力。”

——约书亚·贝尔

小卞你好，我是老卞，这是写给你的第七封信，这封信里我们来聊聊音乐吧。

很高兴你从去年开始学弹钢琴了。这很好，爸爸妈妈希望你能一直学下去，学会一种乐器。你可能会很好奇，为什么要费力气去学琴呢？

首先我得承认原因之一可能是爸爸妈妈不会。自己不会又认为很重要的东西，就会期望你能掌握。要知道和爸爸妈妈年龄差不多的这批人，我们其实是很少会演奏乐器的。不是不想学，而是因为那时候物资比较匮乏，学习资源也不多。

那时候好像只有家里有人会乐器或是在少年宫的小朋友才有机会学。对于大多数孩子来说，这学习资源实在是太稀缺了。你想呀，在物资都相对匮乏的时代里，大家肯定更在意的是每天能吃什么吧？学音乐，学钢琴，那几乎是从没有过的念头。

所以，当某天在比利时鲁汶大学医院见到一位外科教授拉了超棒的小提琴时，真把我们惊呆了。但是，爸爸妈妈希望你能学会弹钢琴的原因却远不是为了一种满足感，而是因为如果能学会弹琴，那可真是太棒了。你可能会说太棒了算是哪门子理由。好吧，我这里还另外准备了三个，来解释一下为啥要学钢琴：

第一，提升对美的认识。

第二，建立正反馈，提升自信。

第三，刻意练习，摆正姿势。

## 一、提升对美的认识

记得大概是五六年前吧，我有一次去现场听钢琴音乐会，恰巧坐在观众席左侧，可以直接看到演奏者的手指在黑白琴键上跳舞飞跃，旋律就随着手指舞动飘出来了。那一刻，真真切切体会到了什么叫做余音绕梁。所以音乐不仅仅是音乐，弹琴也不仅仅是弹琴，更是一种舞蹈，综合的美。一个人在学会欣赏美、认识美以后，能够变成怎样的人呢？

首先，他会认识很多有趣的人，也会增加很多生活的色彩。其次，因为学琴需要忍受枯燥的练习过程，才能享受到这种美，所以他会变得坚忍力更强一些，懂得延迟满足。而延迟满足是一种很强大的本领。最后，他感知到什么是美的东西，心里会更平静一些，当遇到挫折或者困难时，也不会轻易焦躁不安。

所以你看，提升对美的认识，学会欣赏美有这么多好处，而这种修炼最直接、最便捷的方法就是去学习一种乐器。

## 二、建立正反馈，提升自信

小下同学，学乐器还有一个好处，就是这个人会变得更有气质，更有自信，从而影响到各方面，让自己表现得更好。

先为你介绍一位很厉害的人，王海叔叔。他是爸爸的好朋友，出过十几张原创的音乐专辑，他写的词和曲美极了，超级厉害！你可别以为他只会写歌唱歌，实际上他是一位科学家，还读到了博士后，专门研究肿瘤的发病原因并立志要攻克它。对了，他还在很多国际顶尖生命科学杂志上发表过研究成果呢。

他是爸爸很佩服的人，无论做科学研究还是写歌弹琴都超级厉害。原先我在想，他真是很有天赋。不过后来我觉得，可能音乐也是原因之一，当一个人在几百人前演出过，获得过如雷掌声，这份正反馈和自信心是可以辐射和带动其他领域的。

还记得几个月前有一次在玩具店看见一台玩具钢琴，你在鼓励下弹了一曲，虽然是很简单的曲调，但是也博得了周围其他小朋友的围观和羡慕眼神，你自己也觉得很开心，爸爸妈妈也为你感到骄傲。

（玩具店试弹一曲，7 岁）

小卞同学，其实在这一刻弹得好坏与否并不是太重要，因为我们大多数人都不能成为郎朗这样的钢琴大师。对我们普通人来说，最重要的是敢于站出来，敢于在众目睽睽之下勇敢地站出来说：

“我来为大家弹一曲吧！”

别小看这一句简单的话，当你习惯了用这种方式来思考的时候，今天你会说“让我来为大家弹一曲吧”，明天你会说，“我来给这个方案提个建议吧”，后天你会说，“这个任务交给我吧，我会尽力去完成的”。

是的，要站出来去行动。这是学会钢琴能带给你的好处之一，是一种主动担当的思维，也是一种积极思考的方法，更是一种领导力行动力的锻炼法门。所以爸爸妈妈都很期待，将来你学会了弹奏更多好听的钢琴曲后，也能更多次勇敢站出来说：“让我来为大家弹一曲吧！”

## 三、刻意练习，摆正姿势

也许你现在已经了解，为什么我们要去学弹钢琴，为什么要勇敢站出来为大家弹一曲了。接下来的问题是，要怎么去学好钢琴呢？

答案是：刻意练习。

匈牙利有个人叫拉斯诺，他就通过刻意练习，最终把 3 个女儿都培养成了国际象棋特级大师，而且打败了很多的男棋手。她们就是大名鼎鼎的匈牙利波尔加三姐妹。当然，我们绝不提倡为了要学习某一种技能，把其他一切生活都放弃，可是刻意练习的方法，确实是学习某项技能时可以利用去提升效率的。

什么是刻意练习呢，详细的介绍我们以后再讲。这里先举钢琴学习的例子，你需要先根据自己目前的水平设定好学习目标，考级虽然有些应试，但也不失为一个明确的目标。接下来的练习就朝着这个目标去努力，要在钢琴练习时间保持高度的投入和专注。作为非专业人士，并不是说我们要每天练好几个小时，但至少要在所投入的练习时间里，哪怕只有半个小时，也保持高度专注，提高学习效率。然后，我们需要找到一位优秀的钢琴老师来指出你的错误，并演示正确的方法。最后，当你完成预定目标后，更要跳出舒适圈，设定好下一阶段的目标，并继续付出努力。

啰哩啰嗦写了这么多，可能你会想，你们也就自己说说，看人挑担不吃力，有本事你自己学弹一曲呀！还真被你说中了，爸爸的人生清单之一就是能在退休前在医院门诊钢琴上弹奏一曲。所以，我也立个 Flag 吧，今年要努力跳出舒适圈，达成在门诊钢琴上弹奏一曲的愿望，到时候也邀请小卞同学一起来听我弹琴呀。

让我努力为你弹一首钢琴曲吧。

老　卞

2021 年 1 月 5 日

08 第八封

# 去争取更多小红花

“人的行为总是一再重复，因此卓越不是一时的行为，而是习惯。”

——亚里士多德

小卞你好，我是老卞。这是写给你的第八封信，我们来聊聊一个蛮有争议的话题，成功的路径。

昨晚我看了部电影《送你一朵小红花》，影片讲了一位生病的小哥哥心情沮丧，不愿意尝试任何事情，后来在一位小姐姐的帮助下鼓起勇气，勇敢向前走的故事。电影很好看，把爸爸感动得稀里哗啦的。

你看，我们在成长过程中总会碰到各种困难挫折，这些打击有可能会让我们摔得很重，破坏了原定目标。那我们该怎么办呢？还能完成任务吗？这部电影给了答案，就是去争取更多的小红花。为什么是小红花呢，我们先来讲个故事吧。

有位大发明家爱迪生，看到当时的灯丝材料很不合适，便暗下决心：要发明一种好用的电灯。他开始着手试验灯丝的材料：从传统的炭条到金属钉、铬、白金等。就这样，他试验了 1 600 多种材料，但每一次都失败了。不过他却没有退却，并坚信：失败乃成功之母。

1879 年 10 月，一次偶然的机会，爱迪生尝试用炭化棉线装进灯泡，接通电源后灯泡发出金黄色的光辉，把整个实验室照得通亮。经过 13 个月的艰

苦奋斗，试用了6 000多种材料，试验了7 000多次，他终于取得了突破性的进展。这盏电灯足足亮了45个小时，灯丝才被烧断。这是人类第一盏有实用价值的电灯。后来1879年10月21日这一天被人们定为电灯发明日，标志着可使用电灯的诞生。

这个故事想必你已经听过，鼓励我们要不怕失败，屡败屡战，因为失败是成功之母。

不过小卞同学，我想和你说的是，这句话其实并不全面，因为要取得成功，很关键的一点是要争取更多的小红花，来激励并肯定自己。

因为，成功更是成功之母。

当然，这句话的前面一个“成功”是广义的，包括的范围很大，只要是正面的肯定反馈，哪怕只是一句赞美的话语，一个友善的微笑，一次朋友圈点赞，一个小的进步都可以算作一朵奖励自己的小红花。

为什么这么小的正面肯定就可以引发最终的成功，爆发最大的能量呢？主要有以下三个方面原因：

第一，促进自信激励。

第二，提升抗挫能力。

第三，习惯延迟满足。

## 一、促进自信激励

再和你说个我自己的故事吧，好多年前第一次去欧洲访学，那时总觉得自己口语一般，看到老外不太敢主动搭讪。后来有次晚上下班回宿舍迷路了，那会儿没什么谷歌地图这种App，于是只能鼓足勇气向一位老太太询问，结果没想到人家听明白了我的诉求后，硬是挽着我的胳膊走了20分钟把我送回了宿舍所在街区。

爸爸第一次体验了被老奶奶扶着过马路的滋味。

从那以后我的方向感好像还是一般，不过自信心倒是提升了不少，反正找不到路就问呗。经过了这个阶段，口语也提升了一些，不是说有多好，至少不会怵，也敢在国际会议上发言和提问了。你看，一次成功问路的小红花，给我带来了多大的好处，这就是成功带来的正反馈作用。

而且你知道吗，小红花能带来最终成功是有研究证实的。在 1993 年的一项实验中，科学家在一群资质平均的电焊工中随机选了五位，并告诉这五位工人他们上一阶段的考核成绩是优秀，然后他发现在之后的工作中，这五位电焊工无论是工作热情还是技能学习积极性都远高于其他工人。这就是正向反馈后对个人的自我激励作用。

你可能会问，那怎么才能获得小红花呢？

其实呀，小红花就在你身边，只要你留意去发现就行。

舍费尔写的《小狗钱钱》这本书里提过一个好方法，拿一个日记本给它取名“成功日记”。把当天所发生的成功事情都记录进去，任何小事都可以，但至少要找出五条来，而且要一直坚持每天写。

这么做很有效，尤其当困难不断出现时，就更需要做这样的事。因为我们有时候会期盼困难发生转变，但往往忽略了，其实首先必须改变自己，要变得更坚强，更勇敢才行。而“成功日记”上面的这一朵朵小红花就是激励我们往前走的持久马力。

（第一次见到雨后的双彩虹，9 岁）

## 二、提升抗挫能力

再回到爱迪生发明灯泡的故事吧，他经历了 7 000 多次的失败才最终获得成功，这份坚持，这种抗挫的精神着实让人敬佩不已。不过大胆猜想一下，他的这份坚忍力并不是通过失败培养起来的，而是由很多小红花激励出来的。

要知道，爱迪生在发明灯泡前已经发明了电报机、投票机、复印机、改良电话机和留声机等，有大大小小 100 多项专利了。这可不仅仅是“小红花”，开个“花店”也够了吧。我猜想正是这么多的成功锻炼了他，让他形成了一种坚强的意志力，让他坚信自己一定能发明出灯泡来，并最终成就了他后续这些伟大发明。

换位思考一下，毕竟我们大多数人都达不到爱迪生这样的大神级别。而且就算是爱迪生本人，如果灯泡是他投身的第一项发明创造，在之前从没有过任何成功经历的前提下，经历了 7 000 多次失败后，他还会有勇气再试一次吗？恐怕是有点困难的。

小卞同学，记得前几封信里，我们聊了为什么坚忍力是第一生产力的话题，你应该也已经了解了坚忍力的重要性。可是怎么去获得强大的坚忍力呢？其实就是靠阶段性的小成功，那累积起来的小成果，那拆分出来的小目标，那每天争取的小红花。

## 三、习惯延迟满足

小卞同学，小红花还有一个很大的好处哦，就是习惯延迟满足。美国心理治疗师斯科特·派克在他那本很出名的书《少有人走的路》里提到了延迟满足，并认为这是克服人生困难，促进心智成熟，形成自律习惯的重要方法。

前段时间你很想要一个指南针，可以去公园里探险找“矿石”。我们没有直接答应你，而是希望你能帮家里做 10 次家务，每次记一分，满 10 次后再给你买。指南针虽然价值不高，网上买的话当天就能送到，可还是想给你设置一些任务。

对你来说，获得一枚指南针去公园探险是很大的奖励。同样对于爸爸妈妈来说，完成一台漂亮的手术或者一项研究是很大的奖励。虽然我们的目标看上去差别很大，但在我们各自达成后，所体会到的成就和快乐，从底层逻辑上来说，其实差不多。

而爸爸妈妈为了完成各自目标，是要付出很多体力和脑力去接近的。这个过程，我们希望你能尽早体会到。在这10次家务劳动中，你帮家里拖了地，洗了碗，擦了桌，摘了菜……这一次次的劳动也会让你得到家里人的肯定与鼓励，这就是10朵小红花呀。而且你付出的汗水越多，最后得到指南针的快乐就会越大，也越会珍惜它。

而且，我最希望的是，你能通过这些小红花，体会到延迟满足，建立自信，不怕挫折。

今天你成功挑战了一个新的攀岩路线，明天你就会去探索一个新的创新领域。

今天你成功在陌生城市问了路，明天你就可以与领域大咖交流互动成为朋友。

人生不是百米冲刺，而是一场马拉松。决定我们能跑多远的，除了自己的体力耐力，还有来自赛道旁观众的加油呐喊声。这一切都要从最初的点滴成功体验开始。

祝你努力去获得更多的小红花！

老　卞

2021年2月6日

09 第九封

# 请叠加好这五种时间

“时间是最大的公平，每个人每天都有 24 小时，但如何利用这 24 小时却决定了人生的差异。”

——比尔·盖茨

小卞你好，我是老卞，这是写给你的第九封信。这封信可是拖了好久，主要原因是这段时间事比较多，之前也想好了几个主题，但每次都写到一半被其他事情插入而中断，等再拾起来已经没了感觉，搁浅了。

这些插进来的事情，有些是工作上的紧要任务，有些是我自己的主动安排，还有更多的是琐碎日常。总之，结果就是这些事情占据了我的大部分时间，不得不把前面几封写到一半的信放下了。所以这一篇，咱们不聊别的，就专心来聊一聊时间。

时间！

今年你已经升入了小学二年级，上学期数学课里也已经学了时间，想必你也已经熟知每天 24 小时的基本概念了。可是，你可能还没体会到，虽然对于每个人来说，一天都是同样的 24 小时，可是每个人的感受和效果却完全不同。

有人能把一天延长成 48 小时，有人却缩短成只有 8 小时。

你会说不可能，爸爸瞎说。

从客观的角度来说，这的确不可能，每个人的一分一秒都是完全一样的、公平的。从时间的利用度来说，这却是真的。这个道理我也曾怀疑，或者说，过去只知道尽量珍惜时间，却没有理清其中的道理和逻辑。直到我最近看了这本书：《五种时间》。这本书很薄，用词很通俗，几个小时就可以读完。可它帮我理清了关于时间利用的问题。以下我们主要来讨论三点。

## 一、什么是五种时间

在这本书里，作者将时间分为了五种，分别是生存时间、赚钱时间、好看时间、好玩时间和心流时间。

(1) 生存时间。它指的是我们每天必须去做的事情，是我们为了换那一份薪水回报而付出的时间。生存时间是我们为了养家糊口，生存下去必须花出去的时间，不管愿不愿意，高不高兴，满不满意。

(2) 赚钱时间(我喜欢称之为迭代时间)。这里的钱不是单指每天我们买东西的人民币，而是指每个人的内在认知与技能水平，是我们去解决问题和待人处事的能力。我们在工作时或者业余时间如果能不断主动地学习自己感兴趣的内容，其实就是在不断迭代自己，提升自我，当然也就有了赚到更多钱的可能。

(3) 好看时间。顾名思义就是为了我们的身体健康，增加颜值和个人魅力而花的时间。比如吃饭、睡觉、运动等。

(4) 好玩时间。就是我们想调节压力，做点放松娱乐，让自己开心的时间。比如游戏、朋友聚会的时候。

(5) 心流时间。心流就是专注力，就是爸爸妈妈常常和你说的上课要保持专心。其实做大多数事情，如果能保持专心，进入心流时间，那么完成的效果就会很好，效率也很高。

## 二、这五种时间怎么用

我们之前罗列了时间的五种分类，那么问题来了：这五种时间，我们先做什么，后做什么呢？如何选择优先级，如何进行比例分配呢？

（周日小区门口咖啡馆阅读，8 岁）

第一，这五种时间的分配与优先排序是没有固定公式的。

不同性格、职业的人，甚至一个人的不同阶段都会有不同的组合。也就是说，每个人都可以自由地根据自己的意愿、情绪、喜好来分配自己的五种时间。你可以用来加班，用来读书学习，当然也可以用于运动或者好友聚会，这完全由个人支配。而每个人在几十年后的发展方向和程度，也大概率由这五种时间的不同组合方式来决定。

第二，如果有可能，请减少生存时间，增加迭代时间。

生存时间很重要，若没有生存时间，连基本的温饱都会成问题，更无可能谈及其他。可是，若大部分时间都被生存时间占据了，就失去了自我提升的可能与空间，最后只有死死保住的那一份提供生存的职务和薪水。无论喜不喜欢，没有了选择的权力或机会。

而迭代时间是我们每个人能力向上提升的未来，如果能把这部分时间提前充分计划，优先纳入每天的日程，就能看到逐渐变得更好的自己，感受到不断成长的快乐、更高的格局视野、更优秀的伙伴朋友和更多人生的选择。

很多时候强者与弱者的区别，并非弱者不努力，只是强者会安排更多的迭代时间进行自我提升而已。而且，这种迭代，这种提升，绝不会因为学业结束了就停止，而是伴随终身的。

第三，好看与好玩时间相当重要，千万别忽视。

除了自我能力的不断迭代外，好看的皮囊与有趣的灵魂也是很重要的。爸爸妈妈都是医务人员，每天都在和疾病的诊治打交道，深知身体的健康对一个人的影响有多大。一个人无论多有能力，在一场大病来临后，都会变得毫无招架之力。

历史上的很多伟人能人，之所以能被铭记，首先他们一定很聪明，但他们的智商比起同时代领域内其他专家未必高出很多。能够实现更多价值的部分原因是他们活得够久，又把多出来的时间专注在自己的领域上，持之以恒，经过时间的魔法历练，所以才有机会成为一代大师。若没有健康的体魄，也就失去了很多可能。

好玩时间也是如此，人生的琴弦可不能绷得太紧，不然也是容易磨损折断的。更何况，很多时候好的创意、新的灵感，都是为了更好地玩，更有趣地生活而跳出来的。当然了，同样是玩，不同的项目效果完全不同。阅读一本书、和一群高认知的朋友喝茶聊天，与刷手机视频沉迷游戏虽然同样是好玩时间，但会带来截然不同的远期效果和人生体验。

第四，以上每种时间都可以通过心流时间来提高效率。

关于心流时间呢，我认为是方法论，理论上不属于时间的类别划分。小卞同学，这其实也是我们很希望你能提升的地方。很多书籍中都有进入心流时间的具体方法学，其中最重要的就是，在预先设定要做某件事情的时间内尽量不被打扰，全神贯注地去做，心无旁骛，专心致志，只要做到这点就超厉害了。具体方法，我们会在以后的信里详细讨论。

## 三、怎么进行时间叠加

再回到这封信开头的问题，为什么有些人利用时间的效率特别高，一天像干了别人两天的活，可以完成那么多的事情，又看上去特潇洒呢？答案就是：时间叠加。

所谓时间叠加，就是在一个时刻里同时安排两种类型的时间。举个例

(第一次去上海浦东美术馆,8岁)

子,上班的通勤时间是我们的生存时间,因为这是我们要去获得收入所必须每日付出的交通时间。可是,如果在生存时间的通勤路上,阅读一本书呢?或者用耳机听听音频课程呢?这就是生存时间和迭代时间进行叠加了。再举个例子,我有一个蓝牙防水小音响,在家里锻炼和锻炼完洗澡时都会持续播放一些音频学习课程,这就相当于把迭代时间和好看时间叠加到一起了。

以此类推,林林总总,人生海海,上不封顶。

所以小卞同学,我们怎样才能高效又健康地把每天的24小时充分利用起来呢?

答案也许就在于我们怎样去合理地安排好这五种时间,并且做适当的时间叠加,同时做事情的时候保持专心,融入心流。当然,这并不容易,需要提前设计。但只要养成了习惯,会觉得很舒服,会感受到自己的成长快乐。

今天是2021年10月3日,祝你国庆假期安排好你的五种时间。

节日快乐!

老　卞

2021年10月3日

10 第十封

# 先选高尔夫球还是沙子

“林子里有两条路，我选择了行人稀少的那一条，他改变了我的一生。”

——罗伯特·弗罗斯特

小卞你好，我是老卞。这是写给你的第十封信，接上封信的时间管理话题，我们来聊聊如何分配时间。

前几天爸爸也在学习，上课老师展示了一个视频。视频中有位教授拿出一个玻璃瓶，把一盒高尔夫球倒进了瓶里，大约十来颗。教授问学生：满了吗？学生说：满了。教授变戏法似的从包里拿出一盒小石子，也全倒进了瓶里。教授还是问：满了吗？学生还是说：满了。于是教授又取出一瓶沙子，倒进了玻璃瓶。教授问：这下满了吗？学生聪明了，说还没满。教授笑了。他又拿出了一瓶啤酒，哗哗全倒入了瓶里。

最精彩的部分来了，教授接着解释说，这玻璃瓶其实就代表了人的一生。高尔夫球代表了人生中最重要的事情，比如学业、事业、婚姻、家庭、健康、特别重要的机会等。小石头代表了改善生活质量的一些东西，比如车子、房子、股票等。沙子则代表了我们日常所要面对的各种琐事，那些占用了我们大量时间却又不得不去做的事。最后是啤酒，啤酒代表了无论有多忙碌，总要抽时间和朋友们聚聚聊聊，喝喝小酒，放松自己。你看，这不就是我们上封信里聊到的五种时间吗？

小卞同学，提个问题，如果是你，会先放高尔夫球还是沙子呢？

我猜对渴望再次去海南岛挖沙的你来说，99%会选沙子吧。

哈哈，别急，咱们来分析分析。

## 一、为什么要先放高尔夫球

在回答这个问题之前，我们来看看先放沙子会怎样。如果先放了沙子，那玻璃瓶的下面就被沙子占得满满当当。由于沙子太细，之间的缝隙是不能放下小石头的，更别提高尔夫球了。这样也许本来能放入十来颗高尔夫球，现在只能勉强挤进三四颗了。

人生也是这样子，如果我们把大部分时间精力都用在琐碎事务上，就不会有太多时间去思考、计划和处理真正重要的事情了。这样一天天地虽然很忙很累，但对自我提升发展，其实作用比较有限。这也是很多时候我们觉得每天都很忙，但回过头想想好像也没做什么的主要原因。也就如上封信里说的，只把时间用在了生存时间上，而错失了迭代时间。

而如果我们在玻璃瓶里先放入体积最大的高尔夫球，在球的周围还会剩下蛮大的缝隙。这些缝隙里也可以容纳足够多的小石子，这代表我们还可以追求一些生活品质的提升。再来，小石头不会把所有的缝隙填满，周围还有足够空间填入沙子。这样的顺序告诉我们，就算把主要时间精力投入最重要的事情，我们仍可以用碎片时间来处理日常琐事。

这样的时间利用方式是相对合理的。

所以请闭上眼睛，把玻璃瓶想象成我们的一生。先专注那些你认为最重要、最能让你感到使命召唤的事——把你选出来的高尔夫放好，再放入小石子和沙子，最后别忘了倒上点啤酒。当然你还不能喝酒，那就倒上点果汁吧。这里面什么最重要你发现了没有？就是要提前列出所有事情的优先级。

## 二、怎么列出我们做事的优先级呢

以下是一个四象限图，我们可以把事情根据紧急和重要与否，交叉组合

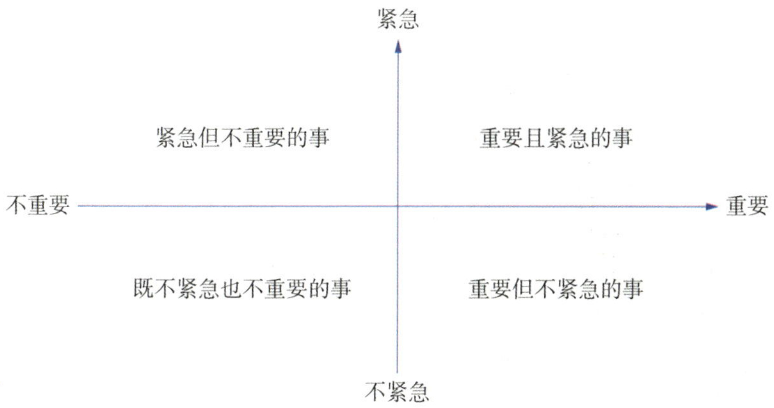


（事情紧急程度四象限图）

排列，分别划入这四个象限区域。

（1）右上方的区域，是第一象限。这个区域包含一些紧急而重要的事情，具有时间的紧迫性和影响的重要性，无法回避也不能拖延，必须首先处理优先解决。比如下星期的期末考试，明天要交的作业，重要的会议工作等。

（2）左上方这个区域，是第二象限。左上方区域包含那些紧急但不重要的事情，这些事情很紧急但没那么重要，因此这一象限的事件具有很大的伪装性。这些不重要的事件往往因为它紧急，会占据我们很多宝贵时间。

（3）左下方那个区域，第三象限。第三象限的事情大多是些琐碎的杂事，既不紧急，也不是特别重要，类似于前面的沙子。

（4）右下方这个区域，第四象限。第四象限不同于第一象限，这一象限的事情虽然时间上没那么紧急，但是具有重大的意义，无论对于团队还是个人未来的发展都特别重要。比如年度演讲比赛、国家青少年攀岩锦标赛、选择哪所初中就读等。

那应该怎么把时间花在这四类事情上面呢？

对于第一象限，重要且紧急的事情，要马上毫不犹豫地去做。对于第二

(参加云南昆明攀岩比赛机场候机,10岁)

象限,紧急但又不那么重要的事情,处理原则是授权,委托给可靠的下属去做。对于第三象限,那些不重要也不紧急的事情,应该减少时间投入,或者用碎片时间去做。对于第四象限,是我们的重点,应该尽可能地把时间花在重要但不紧急的事情上,那些就是我们的高尔夫球,也是我们的迭代时间。这样就能减少第一象限的紧迫性,也能把那些重要的事情做得更充分。

那么下一个问题来了,哪些是我们的高尔夫球呢?

## 三、属于我们的十颗球

我觉得首先有7颗球应该放进玻璃瓶中,学业、家庭、婚姻、健康、专业、导师、朋友。

学习,是终身持续成长的基础保证;

家庭,是勇于前行探索的安全保障,教育好子女是我们的首要任务;

婚姻,是找到一生的伴侣,具有共同成长的愉悦;

健康,是保障我们一切计划的基础;

专业,是深入探究某个领域的付出;

导师,是发现并引领我们的灯塔;

朋友,是长期互相支持并高质量启发的伙伴。

除了这7颗球,我觉得还有3件事可以列为高尔夫球。

一是找到上升最快的平台。平台很重要,特别是快速上升的平台。梁宁老师在她的一本书里说过"点线面"体的概念。个人是点,加入的团队是线,而专业或单位是面。如果一个人能有幸身处一个快速上升的平台,哪怕天赋一般,也有机会随平台同步上升。他如果再努力一点就能借助平台,触及新的高度。

二是选择最有兴趣的事。兴趣是王道，特别是把工作领域作为自己的兴趣。还记得我们上一封信提到的五种时间吗？如果把自己的兴趣融入工作，其实是将生存时间和迭代时间做了折叠，叠加起来了，而且做的时候也更容易进入心流。当然，这里说的是职业，如果你有其他特别想去做的事情，比如运动、音乐、美食，也是很好的。

三是思考将来最好的机会。我们前面已经说了要找上升速度最快的平台，可是这里又提到要思考将来的最好机会，你可能会觉得重复了。其实不然，我们在找平台的时候，往往思考的都是当下的情况，考虑的是平台目前的发展情况和个人成长空间。不过未来瞬息万变，现在很红的行业，也许五年后就会被取代，步履维艰。这就需要我们不断去立足当下，思考未来，引入新技术，寻找将来的机会。分享现代管理学之父彼得·德鲁克的一句话：没有明天的目标，今天的行动就是重复昨天的事。

（落日下和妈妈公园散步，2 岁）

## 四、怎样合理安排时间

我认为在时间利用上有三点特别重要。

(1) 找到厉害的团队伙伴。首先我们要有自知之明，一个人的时间精力、专业能力和思考认知都是有边界的。要打破这种边界，除了我们自己要努力终身学习外，最重要的是要找到厉害的团队伙伴。特别当别人在某件事情上做得比我们好时，最好的办法就是邀请他来一起合作，把个人的计划目标，变成我们团队共同的目标去做。并且要在这些领域充分相信比你擅长的团队伙伴，这是帮助我们提高效率的最好办法。

（2）柳比歇夫记忆法和番茄工作法。这两项是提升我们时间管理效率的好工具。柳比歇夫是一位“大牛人”，他几十年如一日，坚持每天做时间计划，并严格去执行。最终他高效地完成了很多工作，同时也因为提前做了计划，他在工作外有很多的个人休闲时间。番茄工作法是帮助我们进入心流时间的小助手，它把时间分成 25 分钟一档，要求在这一档时间内，注意力高度集中去做事，提高学习和工作效率。每 25 分钟高效的专注工作后，休息 5 分钟。再进入下一个 25 分钟的心流时间。以此循环往复，提升我们单位时间内的工作学习效率。

（3）时间叠加法。这个方法在上一封信里已经为你介绍了，这里不再啰嗦。

总结一下，我们每个人的时间其实都是有限且公平的，每个人的明天都是未知且全新的。小卞同学，从现在起，每一天都认真思考去发现并找到属于你的“高尔夫球”，并把它先放进玻璃瓶里，盖上塞子，别让它跑了。

祝你每天都能持续迭代！

老　卞

2021 年 11 月 14 日

11 第十一封

# 准备一次脱口秀吧

“凡墙皆是门。”

——罗振宇

小卞你好，我是老卞，这是写给你的第十一封信。这封信我们来聊聊：脱口秀。

两个月前，爸爸在一次同学活动上说了段脱口秀，这对我来说可是一次全新的挑战。什么是脱口秀呢？简单说，就是一个人站在舞台上，给大家说笑话，让观众开心大笑。说笑话，还要把台下的观众逗乐，这难度对我来说，可能比连开十台手术还吃力。可表演的日子已经定下，虽然没有什么经验，也只有硬着头皮上。

出于临时抱佛脚的态度，我买了本李诞的书《脱口秀工作者手册》。然后，只花了 2 个小时就读完了这本书。倒不是因为我有多勤奋，只是这本书实在很薄。不过虽然书不厚，却浓缩了精华，读完以后还是很有启发的。我也参照着准备这次脱口秀表演，总算最后顺利完成任务，效果也基本达到预期。

事后细细想来，其实这本书里的方法论是蛮有嚼劲的，可以好好回味。而且不仅针对脱口秀，放在很多其他事情上也一样适用。就让我来给你絮叨絮叨印象最深的几点吧！

第一，完成比炸场更重要；

第二，勤勉比天赋更靠谱；

第三，搞笑的升华是价值。

## 一、完成比炸场更重要

小下同学，两周前你有次数学测试做得不理想，因为有道题想不出，憋在那里，影响了速度。结果考试时间到，最后几题没时间做了，只能空着交了试卷。晚上你问我怎么办？我想，这本《脱口秀工作者手册》正好可以解决你在数学测试中碰到的问题。

你看，我们做数学测试，当然人人都希望得到满分，最好一道题都不错，完美交卷。这种完美的答题状态，在脱口秀里，就叫做炸场。炸场当然很好，但比炸场更重要的是，先要完整地讲完准备好的内容。放在数学测试里，满分固然可喜，但首先要保证的是完成全部都会的题目，把咱们该拿的分数都拿下。

具体怎么做呢？对于脱口秀演出，有两个基本要求。

第一，写逐字稿，并且把逐字稿背下来反复讲，直到达到最好的状态。这就好比你在平时的数学练习中，要打好基本功，把书本上教的知识点充分掌握，并融会贯通。对于每道题的思维方式和考点，要认真对待，熟悉各种变化。这可不是说我们要搞题海战术，而是在时间和能力允许的范围内，尽量掌握更多的解题思路。

第二，严格执行。脱口秀必须严格按照背下来的逐字稿去讲，切忌随意现场改词。为了完成一场脱口秀，不必苛求炸场。如果现场真的气氛不好，出现冷场，那至少也要告诉自己按照逐字稿把准备好的段子先讲完了，事后再去复盘，到底哪里出了问题。只要完成了，就一定会有收获。冷场和犯错也是为了今后更好的提升，能够给自己发现问题的机会。

数学测试也是如此，如果碰到难题，先按照会的解题思路想一想。要是思考了实在做不出，也可以先跳过，把后面的题目先完成。因为，完成比完美更重要。那些不会解的题目，也是给今后留下了分析思考、复盘提高的机会。如此，你的数学成绩一定会慢慢提升的。

小卞同学，等你长大后会碰到各种挑战，例如，接受一项任务，执行一个计划，申请一个项目，汇报一项工作，其实，全部都适用脱口秀这条“完成”逻辑。

## 二、勤勉比天赋更靠谱

你觉得有没有天赋这个东西呢？当然是有的，只不过我们大多数人的资质都差不多。那没有天赋怎么办呢？就没有机会做好事情了吗？

当然不是！

还记得前面有封信里和你提过的稻盛和夫先生的成功法则吗？

成功＝思维方式×能力天赋×努力程度

天赋只是成功因素之一而已，有天赋而不努力，没用。但哪怕我自己的天赋只有别人的一半，只要肯努力，只要付出两倍的努力，按照这个公式，我们就能达到同样的程度，也能获得成功。

考虑到天赋这东西比较虚无缥缈，不可预测，且我们大多数人都是差不多的资质，其实把注意力放在勤勉努力和采用更高效方法上，会更靠谱和实际一些。脱口秀也是如此，最重要的不是天赋，而是勤奋。因为擅长即兴表演的人，也许某次现场效果很炸场，但如果缺乏充分准备，更大可能后面的表演糟糕透顶，毫无气氛。

那脱口秀演员是怎样做的呢？

早上起床先写一个小时的段子，不管能不能用上，先写出来再说。晚上上床前，再花一个小时修改早上写的段子，提炼分类，留待下次使用。最重要的是，雷打不动，每天坚持，相信终有聚沙成塔，完成从量变到质变的那一天。

学习、演讲、写作、运动，其实底层的训练逻辑都差不多。

哪怕再有天赋的人，都在比拼着勤奋。

## 三、搞笑的升华是价值

脱口秀的目的是逗乐观众，轻松一刻，所以笑是最大的目的，这没有任

（英语演讲阶段性汇报，9 岁）

何问题。但如果脱口秀演员在现场只是为了逗笑，甚至不惜说一些低级或带颜色的段子，那样的层级就不算太高，甚至很有问题了。

其实无论脱口秀也好，其他行业也罢，所有优秀的从业者都很拼，但最后胜出的往往都要靠健康与价值。身心健康的重要性自不必说，价值观正不正、品德好不好，是这个人能走多远、能否获得更广泛信任与良好口碑的核心要素。所以高级的脱口秀演员，除了会想办法让观众笑之外，还会围绕一个主题，输出自己的价值观，寓教于乐，岂不快哉！

小下同学，说了那么多脱口秀，不是要你真的以后去从事这个职业，而是希望你能从准备一场对你完全陌生的表演中体会到：

如何去体验一个陌生领域，

如何去挑战一个全新任务，

如何去面对一个挫折打击，

如何去迎接，每一天！

对了，还有最后一个问题考考你：你觉得准备一场脱口秀，或者一次演讲，什么最重要？

想学钢琴什么最重要？打开琴盖最重要！

想练长跑什么最重要？穿上跑鞋最重要！

想写文章什么最重要？拿起纸笔最重要！

所以，准备一场脱口秀或演讲什么最重要？你应该想到了吧！

走上舞台，去说，最重要！

祝你的每一次演讲都能如计划完成。

老　卞

2022 年 1 月 24 日

12 第十二封

# 克服困难的三个锦囊

“善用榔头的人往往认为所有的东西都是钉子。”

——亚伯拉罕·马斯洛

小卞你好，我是老卞。这是写给你的第十二封信，我想给你分享3个克服困难的锦囊。

上周日，你和小区的一群孩子在草坪上踢球，由于没穿分队背心，分不清谁是本方队员，一次传球到了对方前锋脚下导致了失球。因为这个失球，引来了队友们的一顿责怪和嘲笑。你自然十分沮丧，甚至表示再也不愿意去那片草坪踢球了。

这种感觉我很理解，实际上，在我的成长过程中也有过一些印象深刻的负面经历。记得中学时，有一次老师讲到社会物质水平提高，评判一个家庭进入小康水平的标准，就是每天都能有水果吃。当时老师还请全班现场举手，看多少人能每天在家里吃到水果，周围同学大多举手了，可我没有，甚至还低下了头。

那件事情给我的印象很深，家里的情况确实如此，不是每天都有水果可以吃。我想一部分原因可能与父母工作忙碌，回家比较晚有关，还有部分原因与家里的客观条件也有关系。

在这之前，老实说我对每天有没有水果吃，倒没有很在意。不过之后，我的学习至少有了一个具体目标，就是要让家里每天都有水果吃，生活达到“小康”水平。所以之后的学习也格外努力，成绩反而有了蛮大提升。

你看，遇到负面挫折与困难，总是难免的，关键是我们怎么去看待这些挫折。是找解决方法，还是放弃努力？我这里有三个蛮管用的锦囊送给你，当你遇到困难时不妨拆开来试试。

## 第一个锦囊是：不找借口，积极进取。

我们每个人的能力都是逐渐提升的，在提升过程中，自我认知、持续学习、寻求反馈、设定阶段目标、耐心毅力、实践经验、身体健康、社交网络支持、团队交流合作，对于个人发展都很重要。只是在提升过程中，难免会有失败与挫折，于是我们如何面对困难的态度就显得很重要了。

石油大亨洛克菲勒曾在一封信中提到一个观点：只为成功找方法，不为失败找借口。有些人在失败后只要找到一个好的借口，就会抓住不放，总是拿这个借口对自己和别人解释当时为什么自己无法再做下去，为什么无法成功。

这么做，起初他可能还觉得自己多少是在找借口。但重复说过多次后他就会越来越相信，那就是真的！这个借口就是他无法成功的真正原因，随之而来的结果就是大脑开始懒惰僵化，不再思考提升路径，原本想要成功的动力也化为乌有。

比如上周末的传球失误，你当时的选择是再也不去那片草坪上踢球了。如果真那样，就等于把失败的原因归于场地条件，而主动放弃未来更好的团队运动体验了。除了责怪与放弃，想想还有什么能做的吗？比如提早熟悉两队人员、增加分队标识，或者一笑了之再次积极投入比赛，这些都可以。关键就在于，不要为自己的困难找借口掩盖，而要积极寻求向上的方法途径。

## 第二个锦囊是：客观分析，做出改变。

遇到困难积极寻求解决方法，不找借口推脱是第一步，那接下去具体怎

（世博文化公园，10 岁）

么做呢？达利欧先生在他那本《原则》中给出了答案。他说：人生的成长轨迹不可能一路上扬，当遇到挫折向下拐弯时，可以通过目标、问题、诊断、方案和执行，这 5 个步骤来找出问题和解决方案，从而将曲线再次上扬，形成一条螺旋型不断上升的人生路径。

目标，是明确要做的事情，要去的方向。

问题，是分析当下，梳理不利条件和痛点。

诊断，是从自我出发，找出发生问题的原因。

方案，是制订下一步的具体改进措施和计划。

执行，是实践落实计划，再次出发。

这 5 步，其实和我们医学中所说的临床思维很像，先通过回顾性思维总结既往病例处置经验，再通过前瞻性思维去思考下一位病人的诊疗策略与手术方案。临床大量案例证明，这是很有效的方法。

### 第三个锦囊是：胸怀远方，眼看脚下。

小下同学，再提个问题，你知道怎么在山里走夜路吗？给你讲个故事。2010 年的时候我去云南支边，有过一些走夜路的经历。山区里很多地方是没有路灯的，要走路到达目的地，全靠手里的这支手电筒。不过手电筒要用好，也很有讲究。

你不能把手电筒直接照向远方，那样的话，手电筒发出的微弱光芒很容易被淹没在远山之中。你也不能把手电筒翻过来直射自己的眼睛，那样的话看似眼前很亮，但其实啥也看不见。唯一正确的做法，是把手电筒指向身前三五米的地方，看看哪里有坑不要崴脚了，哪里有山崖不要滑下去了，看清脚下的路，心里瞄着方向，一步步迈向要去的地方。

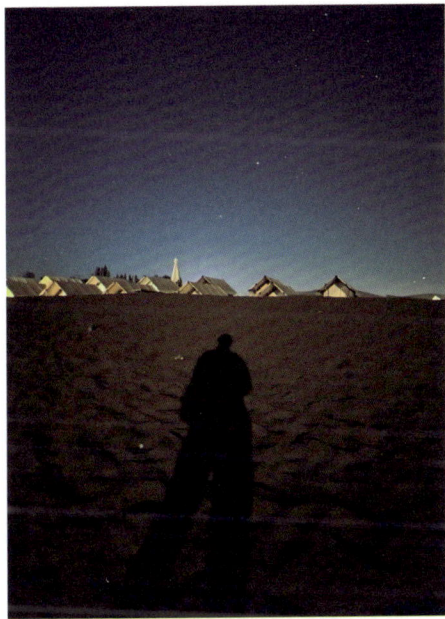

（敦煌沙漠的夜空，老卞）

这就是我最想送你的八个字：胸怀远方，眼看脚下。

我们既要胸怀理想，清晰自己的目标方向，又要脚踏实地地上好每一堂课，做好每天的作业。如此才能距离目标越来越接近，并最终抵达。

行夜路如此，人生亦如此，祝一路平安。

老　卞

2022 年 8 月 18 日

⑬ 第十三封

# 唱首《我爱你之歌》吧

“你要相信世界上总有那么一个人，愿意用最朴素的方式爱你。”

——宫崎骏

小卞你好，我是老卞，这是写给你的第十三封信，我们来聊一个话题：爱。

大概从半年前开始，我们养成了一个习惯：在睡前，会拥抱着唱一首《我爱你之歌》。这首歌的歌词简单而温馨：“我爱你呀我爱你，就像老鼠爱大米，我爱你呀我爱你，我最爱的卞某某。”唱完还紧跟着两声假装拍打屁股的声音“啪啪”。这成了我们之间的睡前仪式，你总是乐此不疲，无论是在沙发上，还是在去卧室的路上。有时你还会唱起“我爱爸爸之歌”。这首歌虽然简单，但每晚你都听得津津有味，百听不厌。

我想，这首歌之所以让你如此喜爱，大概是因为能让你感受到父母对你的爱吧。

什么是爱呢？让我给你讲个故事。

曾经有一个男孩，刚步入大学时，学习状态不稳定。或许是因为学业压力的增加，或许是生活习惯的改变，又或许是青春期的激素波动，那个曾经在高考中理科成绩优异的他，大一期末高等数学差点挂科。他感到很自责，同时伴随着失望和迷茫。即使周末回家，他也总把自己关在房间里。而这位男孩的父亲，一个很朴实的人，并没有过多地去责骂，他只是默默地在每周日晚上男孩回学校宿舍的时候，送他去地铁站。一路上，他们也几乎不怎么说话，父亲只是默默地陪伴着男孩，直到他走进车厢，地铁开动，父亲依然微笑着站在站台外，目送他离开。

后来，这个男孩的成绩逐渐好转，自信心也随之增强。最终，他实现了自己的梦想，成了一名外科医生。你可能猜到了，那个男孩就是我，而那位父亲，就是你阿爷，我的父亲。

当时，我并没有意识到阿爷每周送我去地铁站这件事的重要性。但事后回想起来，那段陪伴的时光给了我安定和鼓励，为我注入了很大的能量。正是有了家庭的支持和鼓励，我才能够勇敢地面对繁重且艰难的医学课程，一步步坚定地向前走。

前几天，我和一位大学好友聊天，他现在是上海市精神卫生中心的教授，国内一流的心理学专家。我们谈到了一个人的成长环境会如何影响他对社会的看法和融入社会的方式。心理学家曾奇峰曾说："爱制造分离，而施虐制造忠诚。"对于父母来说，如果能够给予孩子足够的爱，孩子就能在家中感受到安全，这会支持他勇敢地走出去。相反，如果父母总是责骂、羞辱甚至打孩子，孩子就会失去安全感，丧失自我肯定，不敢走出家门，最终只会更加依赖父母，无法融入社会。

（攀岩训练的间隙做鬼脸，9 岁）

德国心理治疗师海灵格曾用一个动物事例来说明这一点：一头熊一直被关在一个狭小的笼子里，只能站着，不能坐下，更不能躺下。当人们攻击它时，它最多只能缩成一团来应对。后来，这头熊被解救出来，但它仍然一直站着，仿佛不知道自己已经获得了自由。

小卞同学，我们希望你对社会充满善意和自信，保持微笑。因此，我们会在家里尽量对你友善、微笑，鼓励你，帮助你提升自信。我们希望你在家里、在学校感受得到来自家长、老师和同学的爱，希望这份爱能够融入你的身体，再通过你传递给其他人。

有一个关于小猴子的著名实验：有两个笼子，一个笼子里铁制母猴的奶头处有一根管子可以出奶水，另一个笼子里的绒布母猴虽然无法出奶水，但可以提供温暖。科学家们发现，小猴子在铁制母猴那里吃饱后，会立刻回到绒布母猴的怀抱。这个实验表明，肢体接触是影响感情的重要因素，甚至可以超越生理需求。小猴子面对两个道具，更倾向于选择绒布母猴带来的温暖的爱，只有肚子饿的不行了才会去铁皮母猴那儿。爱源于接触而非食物。母亲终有一天不再分泌乳汁，孩子却依然爱着母亲，因为他们感受到的是爱，是每一次亲子互动时感受到的温柔抚触。

因此，我很愿意在每晚睡前给你唱这首《我爱你之歌》，希望你能在家里感受到父母对你的爱，从而放心踏实地走向学校，走向社会。我很喜欢一句话："教育的本质是：一朵云推动另一朵云，一棵树推动另一棵树。"这句话意味着教育不仅仅是传授知识，更重要的是，老师和家长通过日常的关爱行为营造出友善的学习和成长环境，帮助学生和子女更全面健康地成长，走向社会。

现在我们已经有了第二版的《我爱你之歌》："小卞呀，我是多么地爱你。小卞呀，你是多么地努力……"这首歌的旋律改编自《小薇》，歌词我会根据每天想要鼓励你的话而临时改变，有时是"多么地努力"，有时是"勇敢"，有时是"善良"，但很少用"优秀"这样的词。因为在我眼里，"努力""勇敢""善良"这些品质远比"优秀"和名次更重要。

每个人的天赋不同，单纯比较结果或名次并没有那么重要。一个努力进取，做到自己最大程度的孩子，无论当下结果或名次如何，将来应该都能走得更高更远。

我很敬佩的医学教育专家，华西医院麻醉科的李崎教授曾经对我说过一句话，是关于如何引导医学生做情境模拟复盘的。他说：

（全家福，1 岁）

“如果打开了批评的门，就关闭了分享的窗。”

我很喜欢这句话，并且深感这句话同样适用于教育孩子。

小卞同学，我真的很乐意每晚都对你说，我爱你！

让我们一起来唱这首《我爱你之歌》吧！

老　卞

2023 年 5 月 4 日晚

14 第十四封

# 在户外尽情奔跑吧

“自然环境提供了无限的创造和想象空间，孩子们可以在森林中自由地发挥想象力。”

——艾拉·法拉陶

小卞你好，我是老卞，这是写给你的第十四封信，这封信特别想和你聊聊户外活动。

记得从你会走路开始，爸爸妈妈就经常带你在户外玩耍。你进入小学后，无论是骄阳似火的酷暑、还是北风啸啸的寒冬；无论是阳光明媚的下午，还是细雨蒙蒙的周末，妈妈有空都会带你去游乐场玩耍或者去公园探险。即便现在你已经五年级，作业和学习任务日益繁重，妈妈依然坚持每周至少安排一次大户外（户外 4～6 小时）。起初，我是持保留意见的，尤其是在天气不佳的日子里，但随着时间的推移，我逐渐看到了户外活动给你带来的诸多好处，也理解了妈妈的坚持。

## 一、户外活动的好处

1. 亲近自然，善于观察

你知道吗？在公园玩耍，不仅仅是玩耍哦，它也是一种教育方法，叫“森林教育”。森林教育是一种以大自然为载体的教育方式，通过在自然环境中进行有计划、有设计的户外活动，提高儿童自信心，并实现运动、社交、情感、语言、认知等全面发展。森林教育的起源可以追溯到20世纪50年代初的丹麦，一位名叫艾拉·法拉陶的全职妈妈每天都会带着她的两个孩子到森林里散步。渐渐地，她和邻居们发现，这些每天都会在户外活动的孩子不仅在体能上表现较佳，在人际关系上的表现也较为优秀。于是，森林教育在英国、美国、德国和日本得到迅速发展。

森林教育鼓励孩子们使用所有感官去探索环境，这有助于提高他们的感官敏感性和感知能力。在自然环境中，孩子们需要观察周围的环境，寻找动植物，这有助于培养他们的观察力和注意力。自然环境提供了无限的创造和想象空间，孩子们可以在森林中自由地发挥想象力。

我知道，你最爱的公园是共青森林公园，它就像个魔法盒，每次打开它，都会给你新的惊喜。你还记得吗？一个炎炎的夏日午后，你拯救过一只从窝里掉落的雏鸟；雨后人迹罕至的小树林，你看到过在树杈上追逐，不小心"扑通"一下摔到地上，晕头转向的松鼠；在大草坪上，你逗弄过挥舞着一对大钳子趾高气扬的龙虾；你钓过螃蟹、观察过翠鸟、看到过长着脚爬上岸的鱼……森林公园的经历，你可以写成一整本小书。所以，你不会是那个拿到作文题无从下笔、苦思冥想的小朋友，你会思路敏捷、文思泉涌。

（共青森林公园逗龙虾，10岁）

2. 强身健体，保护视力

户外活动对你的身体健康有着不可替代的作用。正如世界卫生组织所建议的，儿童和青少年每天至少需要一小时中等到剧烈的体育活动。户外活动不仅能够提高小朋友的心肺功能，增强肌肉和骨骼，还能有效预防肥胖和相关疾病。此外科学家还发现，户外运动时间的长短对视力影响显著，每天 2 小时白天的户外活动，一周累计 10～14 小时，可以显著降低近视的发病率。这是因为户外的自然光线有助于调节眼睛的生长，预防眼球过长导致的近视。

3. 心理健康，情绪稳定

除了身体上的好处，户外活动对心理健康也至关重要。你知道吗？这不是你的主观感觉，而是有科学依据的。研究显示，每天在户外待上一小段时间能够让人感到更加快乐，即便不做运动，只是每天到公园待上 20 分钟也能让人状态更好。在《环境心理学杂志》上发表的另一项研究指出，与自然的互动可以显著降低压力激素皮质醇的水平，愉悦心情，增强自我效能感。当你在户外奔跑、游戏或是散步时，大脑会释放更多的内啡肽，这是一种天然的“快乐激素”，能够帮助我们放松，排解焦虑和抑郁的情绪。正如理查德·洛夫在《林间最后的小孩》中所说，自然缺失症不仅是一种身体上的缺失，更是一种心灵上的饥渴。所以，为了保持身心健康，不仅是孩子，就连

（瑞士高山牛牛，10 岁）

大人也要多接触森林、公园和绿地。

## 二、如何平衡时间

认识到户外活动的重要性后，我们面临的下一个挑战是如何在繁忙的学习生活中找到平衡。以下是一些策略，希望能帮助你更好地安排时间，享受户外活动。

1. 要事第一

史蒂芬·柯维在《高效能人士的七个习惯》中提到，要事第一是时间管理的黄金法则。这意味着我们需要优先安排那些对我们的健康和成长最重要的活动。既然户外活动很重要，那我们就要在每周的日程中预留出户外活动的时间，就像我们预留时间吃饭和睡觉一样。这样做不仅有助于我们保持健康的生活方式，还能提高我们的学习效率。

每天上学路上15分钟、学校体育课、社团活动课、放学路上和同学玩耍的半小时，点点滴滴累加起来，再加上周末特意安排的一次5～6小时的大户外活动，每周基本上可以达到10小时户外活动的最低标准了。大致的时间框架有了，我们要做的就是保证周末这次大户外活动，这样就不会造成太大的心理负担。

2. 时间叠加

时间叠加是一种巧妙的时间管理技巧，它允许我们在做户外活动的同时完成其他任务。例如，周末如果户外时间不够，我们可以把餐桌搬到户外，在草地上或者选择餐厅的露台位置就餐；当然也可以在户外活动时段完成背诵、演讲等非书面的学习任务。这些小小的时间段叠加起来，就

（滨江森林公园的秋天，9岁）

能为你提供更多的户外活动机会，也可以保证学习效率。你还记得那次英语演讲比赛吗？你和妈妈利用攀岩间隙和户外活动的碎片时间，每天按计划练习几个题目，既保证了户外和体育运动的量，也取得了不错的演讲成绩。这也是利用碎片时间学习的好例子，既学好了，也玩好了。

3. 提升效率

提升效率是平衡学习和户外活动的关键。我们需要一起学习如何更高效地完成作业，这样就能留出更多的时间来进行户外活动。比如这学期，老师安排你和语文课代表曹同学同桌，曹同学是一位非常会利用校内碎片时间的女孩，在她的影响下你学会了在校内高效完成作业。这样，即便是在攀岩训练日，放学后你仍旧可以和小伙伴自由玩耍一会儿，不需要一下课马上回家做作业。还有，因为周末需要安排大户外活动，所以我们约定周末作业需要在周五全部完成，这一点你也实践得很好。而且，你告诉妈妈，周五就完成周末作业，虽然有点累，但你很开心，因为这样周末就可以过得很快乐，这也是一种延迟满足。高效学习和尽情玩耍是相辅相成的，好好学习拼命玩，它们共同构成了一个良性循环，相互促进，共同推动你的成长。

小卞同学，户外活动不仅能让你的身体更健康，还能让你的大脑更活跃。就像理查德·洛夫在《自然的孩子》中所说："孩子们需要玩水，玩泥巴，感受雨滴落在皮肤上的感觉。"这些都是室内活动无法替代的体验。希望这封信能让你更好地理解户外活动的重要性，并且促使你更多地走出户外，享受自然的乐趣。

祝你无论多忙，都能有自己的一些时间，去感受大自然的美好。

老　卞

2023 年 8 月 15 日

15 第十五封

# 小剂量长时间刺激

“发大愿，迈小步；走远路，磕长头；不停顿，不着急。”

——罗振宇

小卞你好，我是老卞，这是写给你的第十五封信，我们来聊聊如何学习一项技能。

先说个故事，我自己的故事。20 年前，我刚刚进入普外科病房做住院医师，那时我有一个困扰，就是外科结打得不够熟练，有时被上级医生批评，自己也很困扰，甚至一度对自己这双手是否具有外科天赋产生了怀疑。

后来，我的一位师兄，叫赵刚，教了我一个专门练习打外科结的方法。他让我去买个茶缸，先把茶缸放满水，然后在茶缸柄上练习打结，一分钟打 80 个，必须保持原位，茶缸不许被拉动。接着，把茶缸里的水倒掉一半，再继续练，还是 1 分钟 80 个结。最后，把水倒光，就留一个空杯子，还是 1 分钟 80 个原位打结，茶缸不能被线结牵拉移位。

我按照这个方法不断练习，每天至少半小时，渐渐打外科结的手，速度越来越快，也越来越稳，逐渐建立了自信，更难的深部打结也掌握了。我的上级医师也对我更加信任，愿意带我一起上台手术，直到今天成长为一名还算合格的结直肠外科医生。

小卞同学，你现在也在学习各种知识和技能，无论是校内的各个科目、

校外的攀岩运动，或者将来更多的项目，都会碰到如何去学习一项技能的问题。在学习的过程中，我们也常常会担心，我到底有没有掌握这项技能的天赋呢？

1963 年，著名的掌握性学习专家卡罗尔教授说：要学习一项新的技能，高质量的学习时间比天赋重要得多。对我们普通人来说，只要方法得当，付出足够的努力和时间，也能够掌握一项技能，甚至有时候还会比那些很有天赋的人做得更好呢！

小卞同学，这里推荐你一个学习技能的好方法：小剂量长时间刺激。

我也会在这封信里接着回答 3 个问题：

第一，为什么是小剂量？

第二，为什么要长时间？

第三，如何进行小剂量长时间学习？

## 一、为什么是小剂量

这里的小剂量指的是单次的持续学习时间不宜太长，一般不超过 1 小时。这来源于认知负荷理论，主要是因为一个人的有效学习时间其实是有限的。鲍勃·派克教授从成人学习特点出发，提出了 90－20－8 的“黄金法则”，他发现成人能够保持认真听课并消化课程内容的时长为 90 分钟，其中高度集中注意力听课只能维持 20 分钟。对于孩子来说，为了保持专注，每次学习时长更要缩减，最好是 40 分钟之内。

试想一下，如果连续 8 个小时的学习，但其实大部分时间都是无效或者低效的，倒还不如只学 1～2 小时或运动一会儿再学习来得高效。这种把总的学习时长切分成若干段并均匀安排在一段时期内完成的方法，在模拟医学教育上称为分布式学习。而且这种单次小剂量的学习方式，被很多 RCT 研究证明其效率是优于大块时间连续学习的。比如原本 8 小时学习一项任务，若安排两周，每周 2 次，每次 2 小时。虽然总的学习时长还是 8 小时，但其效果要明显优于连续不断地学习 8 小时。

当然，这里提的小剂量也不能够把学习时间切割得太细碎，一般建议每次连续25分钟以上比较好，能够让我们高效地进入心流时间，提升效果。如果只有5～10分钟的话，系统的学习可以先慢一些，看几页书，整理笔记，做做习题之类，避免刚刚进入心流就要做其他事情了。

## 二、为什么是长时间

小卞同学，你听过“一万小时定律”吗？

它由作家格拉德威尔在《异类》一书中指出，并在体育、音乐、美术、技术等很多领域被证明是有效的。“人们眼中的天才之所以卓越非凡，并非天资超人一等，而是付出了持续不断的努力。一万小时的锤炼是任何人从平凡变成世界级大师的必要条件。”他将此称为“一万小时定律”。

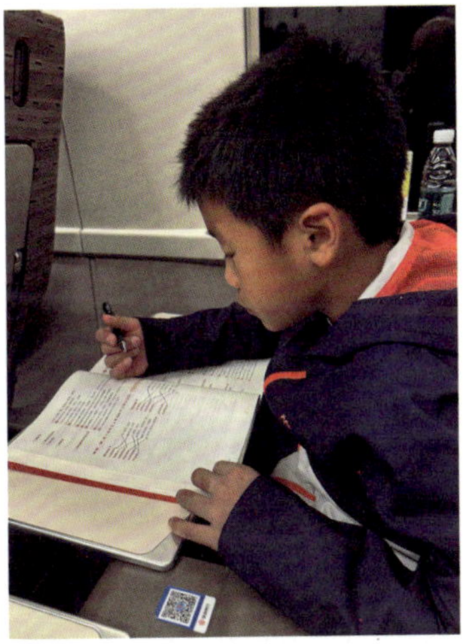

（出发去浙江省江山市参加全国青少年攀岩公开赛，9岁）

既然要学习掌握一项技能需要的总时间长度相对固定，大约一万小时，我们又采取单次小剂量的方式，那战线自然就得拉长，时间跨度更久。所以，我们要保持耐心和节奏，持续精进，做时间的朋友。

## 三、如何保持高质量的小剂量长时间学习

还记得卡罗尔教授说的高质量的学习时间要比天赋更重要吗？现在我们已经知道了小剂量和长时间对于学习一项技能的重要性，那如何才能做到单位时间内的高质量呢？这就需要刻意练习了。

刻意练习，是心理学家安德斯·艾利克斯提出的学习方法，可以用来解释和阐明各种技能领域获得专业知识的过程。他发现各行业最优秀的人员不但投入了长时间的练习，而且他们的练习是集中、系统和高强度的。由此他推测出伟大与一般水准的决定因素，不是天赋，也不是经验，而是刻意练习的程度。

刻意练习包括设置一个明确定义的任务，让学生参与有针对性的重复练习，训练过程中还引入了基于最佳证据的教学方法、有经验的专家或教练提供指导反馈，给予学生充分的学习时间、训练和改进的条件，从而让学生能朝着持续改进的总体目标前进。简单来说，刻意练习的核心是16个字：设定目标、明确计划、训练反馈、跳出舒适。

(1) 设定目标。首先要了解自己需要培训哪些技能，目前自己是什么水平，当下设置什么目标是合理且具体的这三个问题，在医学培训中对应柯恩六步法的前三步：一般需求评估、针对性需求评估、目的与目标设定。知道了目前水平后，我们就能制定目标了，而且这个目标设定需要符合自身水平，是跳一跳可以够到的。比如外科手术先学会阑尾手术后再学胆囊切除，又如攀岩从5.10A到5.10C的难度提升，再如数学能完成某个类型的计算解题等。

(2) 明确计划。设定了目标后，就要制订训练计划，这就类似于医学技能培训中柯恩六步法的第四步：教学策略。一般包括时间、场地、设备、频次、内容、课后练习时间、师资配置等各方面内容。好的计划能帮助我们提升学习效率，在这里教练或者老师的选择很关键，他们都是经验丰富的专家，能帮助我们有效组织课程和培训计划。

(3) 训练反馈。在制订计划后，就需要实践，对应柯恩六步法的第五步：实施。在这个过程中，最关键的是找到一位优秀的教练或专家进行针对性指导与反馈，帮助学生认识到自己掌握了哪些，哪些还需要继续提升，并帮助制订具体的改进方案。在医学技能学习中有研究证实，如果没有老师指导反馈和持续改进的机制，年轻医师哪怕训练的次数和时间再多，他的技能提升程度还是比较有限，与付出不成正比的。

(4) 跳出舒适。这一点对应柯恩六步法的第六步：评估与反馈。当一个阶段的培训计划结束后，就要评估学员有没有到达预设目标。如果没有，就要继续练习；如果达到了，就应该跳出舒适圈，进入下一个层级目标。

小下同学，这里面每一项都很重要，不过我认为最为重要的还是设立好各个阶段的目标，并且在达成目标后立即脱离舒适圈，进入下个层级。还记

（日常攀岩训练，10 岁）

得我练习打外科结的例子吗？初期目标是满杯水的情况下一分钟打 80 个结，后来达到了就倒去半杯水，直至最后在一个很轻的空杯上打结。这就是分阶段逐层递进的目标。还记得两年前你努力想进入静安区攀岩队吗？今天的你已经跳出舒适圈，目标是上海市的层级了。

最后我想和你说的是，通过这样小剂量长时间刺激的方法，不一定人人都能成为奥运冠军、行业领袖，却能帮助你用最高效的办法持续学习并掌握技能。当然，如果你在学习后对某一种技能特别有兴趣，愿意投入更多的时间去提升和进阶，那当然是最好不过的。

这就是内驱力，是学习一项技能最大的助燃力。

祝你通过刻意练习，通过小剂量和长时间的练习，各项技能都学习顺利。

老　卞

2023 年 11 月 26 日

16 第十六封

# 一起玩局三国志

“人生最重要的不是所站的位置，而是所朝的方向。”

——奥里森·马登

小卞你好，我是老卞，这是写给你的第十六封信，这封信我们来聊聊个人的能力发展。

前天晚上妈妈值班，我们照例在临睡前玩抛球游戏，这个从幼儿园延续到四年级的游戏，让我们乐此不疲。我们聊的话题是，将来想做什么。

你说想做医生，和爸爸妈妈一样，治病救人，做手术，手到病除。

你也想做攀岩运动员，像你的师傅范教练那样，进入攀岩国家队，每天努力拼搏。

你还说想去考古，找寻和挖掘很多文物宝贝，仔细修复各种奇珍异宝。

做医生需要脑力、技术和充沛的体力。

做运动员需要身体力量、耐力、平衡和思考分析。

考古需要历史、测量、身体与技术。

那到底什么职业适合我们，该怎么去发展相关的技能，提升自己呢？

要回答这个问题，我想推荐你玩一款游戏:《三国志》。这是一款经典的谋略游戏，也曾是我大学时期的最爱。为啥要推荐一款游戏来回答个人职

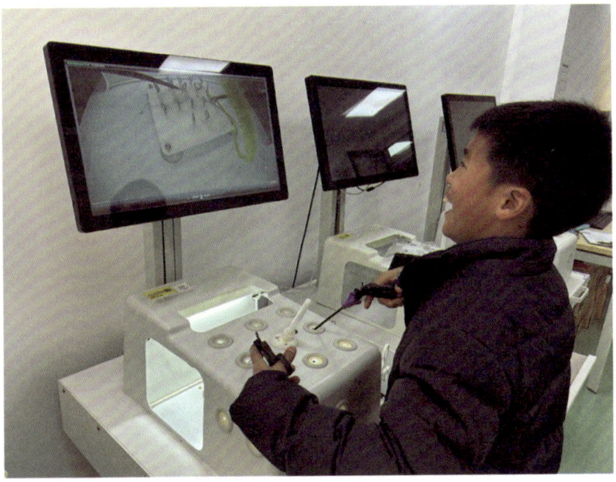

（第一次体验腹腔镜手术训练，9 岁）

业发展问题呢？我有三点想与你分享：

第一，每个人都平等。

第二，选好主攻方向。

第三，培养辅助技能。

## 一、每个人都平等

《三国志》这款游戏在开始阶段，玩家可以自创一个主人公征战沙场。这个自创武将有一定初始点数，可以根据玩家兴趣投放到不同技能上。比如你把所有点数都给武力，那最后出来的就类似张飞，暴力猛男，但谋略不足。如果你把所有点数给了智力，那最后出来的就是诸葛亮类型。或者你也可以平均分配，让各种能力都有一点，当然，这也意味着这个角色什么能力都不突出，因为每位武将的初始点数总共就这么多，而且每个人都一样。

小卞同学，我无意向你介绍怎么玩这款游戏，而是希望向你分享我从这款游戏中获得的一个理念：每个人的基础能力，其实都是差不多的。有些人擅长逻辑分析，有些人语言表达较好，有些人是社牛，有些人有运动天赋，每个人都各有所长，除了少数天才如爱迪生、爱因斯坦外，其实我们大多数人的基础点数都差不多。没有谁比其他人高多少，也没有很弱。

所以我们都要有信心，不要因为某些科目不如别人而泄气，每个人都有他擅长的技能，只是这个科目可能学校里不教也不考。古人云：天生我材必有用。但也一定要保持平常心，不能因为某项成绩比别人好，或者相貌家境优越一些，就妄自菲薄，目中无人。

可是你会问，既然初始点数都一样，那为什么在职业发展中，会有很多不同路径和结果呢？后面这两点就很重要。

## 二、选好主攻方向

有一个很有意思的事情，《三国志》游戏中虽然每个武将的基础点数一样，但能被人记住名字的就那么几位，可能都不超过30人。因为那些各项技能相对平均的武将虽然没有什么太大的弱点，可相对的也没有突出特长，而没有优势是很难在几百位武将中脱颖而出的。只有那些在某个方面有特长的武将才能为人所熟知。

我们每个人的职业选择也是如此。拿医学举例，半个世纪前的很多医学大家，如裘法祖、兰锡纯等教授，他们几乎什么刀都开得很好，胸外、普外，甚至妇产科手术都能做。可是现在的医学发展非常迅速，每个人时间精力有限，很难掌握所有专科或疾病的诊疗与手术方式。比较实际的做法是选择一个行业内的细分领域，并在这个领域中尽量做到顶尖。如此在职业生涯中才能有一个优势领域，成为这个领域中的顶级“武将”。

那如何才能在主攻方向持续精进呢？我有三条建议：

(1) 跟对人：选好导师与学习模仿。

在职业发展和个人成长的道路上，选择正确的导师至关重要。首先，识别那些在你专注的领域内具有深厚知识和丰富实践经验的人，他们可能是你的上司、行业专家或学术界的学者。观察并模仿这些成功人士的工作方式和决策过程，尝试将他们的成功习惯和思维方式融入自己的行为模式中。如果有机会，进一步与他们深入合作，加入他们的研究团队，参与研究项目，甚至成为他们的助手，定期请导师给予指导反馈，了解自己的进步和需要改进的地方。

（2）做对事：实践应用与持续学习。

将理论知识转化为实际操作是深化理解和提升能力的有效途径。比如：为自己设定具体的学习和实践目标，确保每一步都有明确的成果导向；在实践中遇到问题时，及时回顾和学习相关知识，形成“实践—学习—再实践”的循环，提升实际操作能力；参与或发起项目，通过项目经验来提升自己的实际操作能力；每次实践后，都进行反思和复盘，提炼经验教训，形成自己的知识体系。这种以“做到”为知道的方法，而不是仅仅以“读到听到”为知道，是实现知识内化和能力提升的关键。

（3）交良友：拓展社交与共同成长。

在跨行业的社交活动中，积极寻找那些拥有专业技能和生活热情的人，他们可以成为你的良师益友。保持与那些能够激发你热情和创造力的人互动，这有助于你保持热情，也是你持续精进的重要方法。你可以通过参加行业聚会、兴趣小组、志愿者活动等，拓展社交网络，与他们建立长期合作关系。同时，与这些朋友保持定期交流，分享彼此经验和见解，互相鼓励和支持职业发展，实现共同成长。

那如何去找到适合自己的专业和领域呢？这个话题苏格拉底和柏拉图在几千年前也讨论过并有了一个好方法，具体是什么，我们留到下封信再介绍。

（参观上海美术馆，8岁）

## 三、培养辅助技能

我们再回到《三国志》这款游戏，武将随着个人成长会得到额外点数，这时玩家又要作选择了，是把点数加到最擅长的技能上不断强化，还是在其他方面补短呢？

这时可以用到“二八法则”。

无论在游戏里或者现实生活中，一个人如果只有单项技能的话，会比较脆弱，容易被他人抓到破绽而破防，这时除了发展主要技能外，还要用适量点数发展1～2项辅助技能。比如说武将如果武力值很强大，同时还具备火攻特长，或者军师除了智力外还有说服别人投降的演讲技能，这样的组合往往会有“1＋1＞2”的效果，因为技能之间相互交叉所得到的效果会很惊人。

职场也是如此，如果只有一个职业选项，当这个领域一旦衰落，或者过了很多年最终发现自己不适合这个专业时，已经无法转换赛道了，容易一蹶不振。如果能在发展主要技能的同时，花20％的时间去发展另外1～2项技能或爱好，并且争取把辅助技能做到前80％的相对优秀水平，在职场中就可以主副技能相互融合加成，还可以技能间根据需要转换权重，自己也会有爱好，提升人生丰富度和自信心。

小卞同学，无论你选择什么职业或者成长路径，最后我想和你分享的是，成长过程中我们的起跑快慢其实并不是最重要的，重要的是我们是否一直在往正确的方向迈步，无论几岁，日拱一卒。

祝你周末愉快，不断提升。

老　卞

2024年3月17日

17 第十七封

# 去摘下最大的麦穗

“向下扎根，让树成树，让花成花。”

——刘洪澜

小卞你好，我是老卞，这是写给你的第十七封信，接上一封信的内容，这封信我们来聊聊怎么选择主攻方向，也就是职业或者亚专业。

上封信我们聊了要去选一个主攻技能或职业方向，接下来的 3 个问题是：

第一，怎样选到自己心仪的职业？

第二，如何知道哪个职业合适呢？

第三，万一选错能有机会重选吗？

## 一、怎样选到自己心仪的职业

要回答这个问题，我想先给你讲个 2 400 年前的故事。古希腊哲学大师苏格拉底有次考他的 3 个徒弟，让他们每人在麦田中摘取一支最大的麦穗，要求是不能走回头路，摘且只能摘一支麦穗。

第一位弟子刚刚走了几步便摘了一支自认为最大的麦穗，结果发现后面的大麦穗多的是。

第二位弟子一直左顾右盼，犹豫不决，直到快走出麦田才发现，前面最大的麦穗已经错过了。

第三位弟子把麦田分为三等分，走进前1/3麦田时，只观察麦穗大小，把麦穗分出大、中、小三类，但并不摘取。在中间1/3麦田里，他继续验证之前的麦穗大小分类是否正确。在最后1/3麦田里，他只要发现任何一支在分类中属于大的麦穗，就立即摘下它，然后头也不回地走出麦田。

小下同学，正确的做法是第三种，它未必能保证你选到最大的那支麦穗，但一定能保证你选的麦穗是偏大的。而这个选麦穗的方法同样适用于人生中任何重要选择。

再和你聊聊我选择专业的故事吧。23岁那年选研究生导师是我经历的重要选择之一。当时我的成绩在班级男生中排第四，所以我根据实习轮转的感受很早确定了意向，当时我的意向顺位是泌尿、普外、血液和消化。结果那一年导师名单公布后，没有泌尿方向的，于是我的第一顺位自然成了普外科。

到了选的那天，排在我前面的3位同学分别选了骨科、消化科和神经内科的导师。而我也如愿选了仁济普外科吴志勇教授作为我的硕士研究生导师，摘取了麦田里属于我的那支最大麦穗。

直到今天，我也一直认为这是我人生中最正确的选择之一。不仅因为研究生期间跟随吴老师学了很多普外科手术技术，为今后的职业生涯打下了扎实基础，还因为在普外科读研期间，我认识了你的妈妈，再然后，也就有了你。

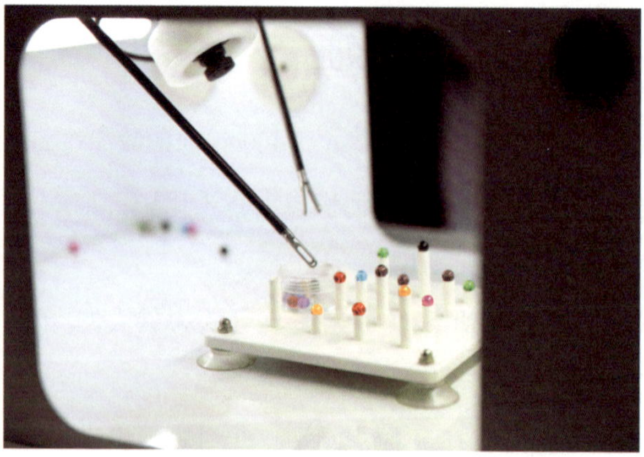

（医院内腹腔镜手术技能教学，老卞）

## 二、如何知道哪个职业合适自己呢

每个人心目中最漂亮的麦穗可能标准不一，因为每个人的审美与喜好是不同的。就像有些人喜欢啃鸡腿，有些人却只吃鸡胸肉。那怎么知道哪种职业适合自己呢？

这个方法就是先体验，再验证。

还是说麦田实验，在摘取麦穗前第三位弟子做了两件事情：第一，先置身麦田前1/3区域中评判大小，但不做选择；第二，再带着目的去中间1/3验证，并最终在后1/3区域作出决策。

你看，选择不能盲目，或一时兴起，而应该置身其中去体验。以运动为例，记得在你幼儿园时期爸爸妈妈希望你多运动，增强体格。于是，尝试让你体验过多种运动项目，包括足球、跳绳、乒乓、体操、篮球、游泳、攀岩。

第一阶段你在乒乓、攀岩和游泳上都表现出了兴趣，不过在深入验证后，最终选择了攀岩作为你长期发展的运动项目。而一旦选择了以后，我们就努力投入，通过刻意练习不断提升攀岩水准。

## 三、万一选错了能有机会重新选择吗

答案是有的，但不多，而且要趁早。这还要分两种情况和三个阶段：

两种情况是：A. 行业衰落　B. 不喜欢

三个阶段是：25岁之前，25～35岁，大于35岁

对第一种情况，行业严重衰落，如同点线面体中的面在往下速降。这种情况，无论什么年龄，只要有更好的选择，或有更高追求，都应该尽早转换赛道。

而第二种情况，自己实在不喜欢这个职业怎么办？

25岁之前可以试着转专业，因为这时候的成本相对较低。

25～35岁之间要谨慎思考，前期投入时间精力已经很多了，可以根据“二八法则”做一点尝试。

大于35岁时，只要行业还有朝气，就尽量不要转了，因为前期已付出了太大的成本。

而且如果这个专业是蓬勃向上的，自己只是不喜欢所在的团队，那在任何年龄，都要思考一下，自己不喜欢的原因是什么。是真的不喜欢这个专业本身，还是因为自己所在的团队或老板？如果是后者，那就不要更换职业，可以考虑换个团队试试。

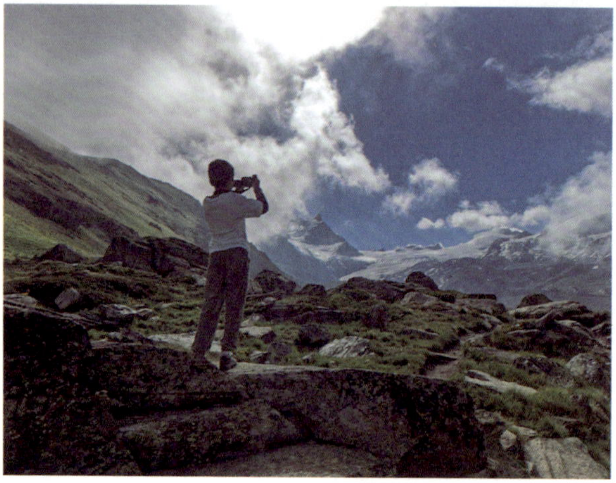

（第一次去瑞士采尔马特徒步，10岁）

小下同学，最后我想和你分享的是：

职业本没有高低贵贱，就像森林里的各种树木、花朵，都能遮阴，都能开放。但有一点，无论做什么职业，都必须把相关专业技能掌握好，把我们的根基做扎实，如此才能抵御得了风雨。

我有一位同学叫澜姐，前几周喝茶时，说了句让我直拍大腿的话，很想分享给你，12个字：向下扎根，让树成树，让花成花。与你共勉。

老　下

2024年3月30日

18 第十八封

# 请向上不断出手吧

"We hire for attitude, and train for skills."(我们雇用态度好的人,然后培养他们的能力。)

——微软招聘理念

小卞你好,我是老卞,这是写给你的第十八封信,我们来聊聊挫折。

刚刚过去的4月第一周,你代表学校参加了2024年度上海市学生攀岩锦标赛,对于练习攀岩四年的你来说,这是一次很好的锻炼机会。虽然这次比赛你和五年级的大孩子分在了同一组,不过以你的能力,也是有机会进决赛的。可是没想到,你在第一天的难度预赛中,就发生了失误。

由于你在观察线路时错误理解了裁判的介绍,误认为粉色岩点不能用,导致在攀爬中增加了很大困难,虽然也咬着牙爬到了一半左右的高度,不过最后还是被挡在了决赛门外。成绩出来后,你很难过,委屈得哭了。当天下午你还不愿离开,一定要看决赛。其他小

(第一次参加上海市学生攀岩锦标赛失利后观看决赛,9岁)

朋友观察决赛线路时，你还在观众席很不甘心地手脚并用比划着决赛攀爬线路，看着让人有点心酸。可能因为第一天的失误影响了比赛状态，第二天上午的攀石预赛中你也发挥得不理想，完全没有把训练水平发挥出来。

不过，虽然这次的比赛成绩不理想，甚至可以说铩羽而归，但我却很想祝贺你，祝贺你通过体验失败而有了新的收获。你可能会觉得很诧异，失败是很难过的事情，谁都不愿意发生，能有什么收获呢？

其实，比赛失败后的收获，可多了！

记得我自己大一那年，成绩很一般，大学里高手如云，很多同学平时没怎么看书，可人家就是特别聪明，老师教的过目不忘，考试也超厉害。而我呢，还依赖于中学时期传统的老师灌输式教学，课堂教什么才学什么，而老师教的速度又快，只要有一次课没跟上，后面就再也别想跟上进度了。

当时我经过反复思考，发现还是学习方法的问题，大学里没老师盯着我们了，更需要自己主动学习。认识到这点后，我就从自己最喜欢的化学实验课开始，查阅资料、主动请教，并在每次实验后做好复盘。通过这样的改变，成绩也获得了逐步提升。最重要的是，这为我今后的医学生涯打下了良好基础，建立了主动式学习方法。

纳西姆·尼古拉斯·塔勒布在《反脆弱》这本书中说过：风会熄灭蜡烛，却也能使火越烧越旺。对待挫折也是如此，要利用它们，而不是躲避。回到你这次的攀岩比赛失利，我想至少可以有三方面的收获。

## 一、识别能力

小卞同学，我们每个人的能力是有层级的，一般由低到高可以分为四层：

无意识的无能，有意识的无能，有意识的能力，无意识的能力。

在这四个能力层级中，有意识的无能和有意识的能力，格外重要。

有意识的无能，指的是一个人通过学习和实践，了解了自己目前的边界，知道了自己哪方面不足，还需要努力突破。比如这次比赛，你知道了赛前观赛线路上的注意力不足，知道了赛前有疑惑可以与裁判提前沟通，也知道了攀石项目自己并没有达到很好的水准。这很重要，因为只有先认识到了自己的边界在哪里，才有拓展和突破的可能。否则就如同井底之蛙，只有管状视野。

通过复盘得失，去识别出自己有意识的无能，这就是比赛失利带给你的第一个收获。

## 二、定位水准

4 月的第二周，你第一次离开上海，去浙江江山参加全国青少年攀岩公开赛，与来自全国各地的优秀小选手同场竞技。老实说，这次比赛前我们不敢有太大期待。因为面对全国比赛，高手如云，你刚刚经历了一次失利，而且这次又与比你大一年的孩子分在了一组。

可没想到，你表现还蛮不错的，在预赛两条攀爬线路中，稳扎稳打，越过了之前的薄弱项：大斜壁。虽然最终还是没进半决赛，但也在 100 位选手中排在了第 55 位。光看这第 55 名的成绩，当然不能算很高，说明你的水平距离全国高手还有不小的差距。

不过我们还是很开心，开心你可以充分展现自我水平，可以找到当下定位。有了定位，才能清楚自己的位置，知道自己与前后方的距离。正所谓知己知彼，百战不殆，竞技体育的魅力就在于我们知道了自己的定位后，也不一定说必须要打败对手，把对手踩在脚下，但通过相互角力，你追我赶，一定能够促进自身水平的提升。

通过高层级比赛了解自己的水平排位，并明确下一阶段的目标，这是比赛失利能带给你的第二个收获。

## 三、复盘提升

小卞同学，比赛失败能带给你的第三个收获是促进复盘。在我们医学模拟教学中有一种很高阶的培训模式，叫情境模拟教学。就是把我们在临床中遇到的危急情况或者突发状况，在模拟病房或模拟手术室中进行还原，让学生在模拟现场进行独立诊疗和处置来提升临床思维、危机识别、急救操作和沟通协作等各项能力。在情境模拟教学中，学生模拟体验看似热闹，但还不是最大的收获，最重要的是在学生完成模拟后进行的复盘。

通过复盘，学生了解自己哪些地方做得好，哪些地方需要提升，哪些知识和技能目前自身还有所缺失，这样未来才能有提升。所以你看，复盘是多么重要！

是比赛，就会有过程。

是过程，就能够复盘。

是复盘，就能够提升。

那具体复盘哪些内容呢？

你看我们前面说的，有意识的无能，就是复盘的主要内容。知道自己哪方面做得不够好，自己目前的边界在哪里。

除此之外，有意识的能力，也是我们要复盘的主要内容，就是要总结自己有哪些表现还不错的方面，从而肯定巩固，这样在今后的比赛或工作中就可以去应用所掌握的技术来解决实际问题。比如，你在第一周的比赛里虽然失利，但在观看决赛时仍在思考攀爬线路，就说明你进取心很不错。又如，你的上肢力量和指力还是比较强的，哪怕少了粉色岩点也爬到了预赛线路的一半，这一点也是值得肯定的。

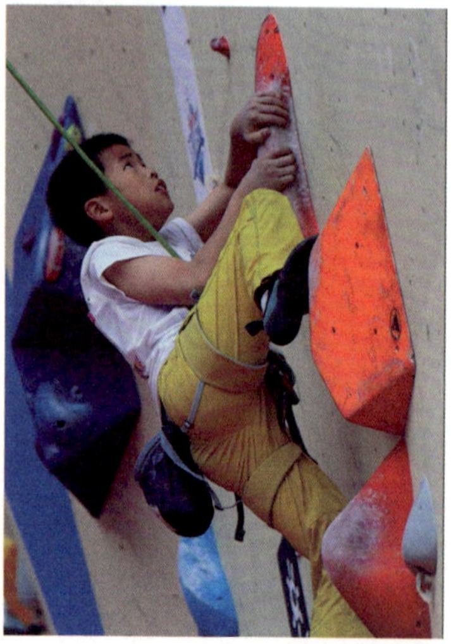

（参加全国青少年U系列攀岩锦标赛万仙山站，9岁）

复盘的最后一个内容，就是制订下一步计划。知道了不足，肯定了优势，接下来要思考调整策略。在第一次攀岩失利后，你制订了在今后比赛中一定要仔细读线，有疑问立刻沟通的调整方案。在浙江江山站的全国青少年攀岩公开赛中知道了自己的定位后，你将训练次数从每周2次上升到了3次，并且更加刻苦。

通过每一次的复盘，制订下阶段改进策略，这就是比赛失利能给你带来的最大收获。

成长不可能一帆风顺，走路也难免磕磕绊绊。爸爸妈妈也曾遇到过很多挫折和困难，每次回头看，其实都是成长过程中的自我审视。对了，还记得我们一起看的斯洛文尼亚的攀岩大魔王亚尼亚的纪录片吗？她在小时候第一次参加攀岩比赛时也曾经历了失利，还是最后几名。不过亚尼亚通过不断的训练、复盘、提升，最终横扫了包括奥运金牌在内几乎所有的国际赛事金牌。最重要的是，不要被失利打败而放弃，反而应该看到自己能从中收获的关键点，不断向上努力出手。

今天是 4 月的最后一天，就在上周六，你又参加了一个俱乐部组织的攀岩比赛，虽然规模不大，但也组织严谨，蛮有挑战。庆幸的是，你吸取了之前 2 次比赛教训，稳扎稳打，奋力拼搏，最后不但进了决赛，还获得了第一名。

请不要满足，无论胜败，再复盘一次，并向着下一个岩点出手吧。

祝你，向上不止！

老　卞

2024 年 4 月 30 日

19 第十九封

# 去尝试做一次“领导”

“勇者愤怒，抽刃向更强者；怯者愤怒，却抽刃向更弱者。”

——鲁迅

小卞你好，我是老卞，这是写给你的第十九封信，我们来聊聊领导力，如何做一次“领导”。

去年在班委竞选中，你报名参加并认真准备，虽然最后没选上，不过我们觉得蛮好的，你勇于在同学面前展示自己。不过小卞同学，这封信和你聊的“领导”，是加上双引号的，不是指领导这个职位，而是指有领导力的人。

这封信我们聊聊如何培养领导力，并帮助你解决难题。可能你会说，我又不是班干部，要领导力有啥用呀？其实，这是我们每个人该有的必备技能。

为什么它那么重要呢？

举个医院的例子，爸爸是外科医生，外科手术是严重依靠团队才能完成的。虽然主刀最重要，但他也要依靠团队配合，才能保证术中流畅，识别并解决危机，合作完成手术。你看对于医生来说，领导力是多么重要，离开了团队，就算主刀再厉害，也不可能安全地完成每台手术。

小卞同学，我们生活在一个广泛联结的社会，每个人都无法独立完成所有的事情。要和别人合作，就少不了领导力。小到一次游戏、一场球赛，大到工作成长、家庭和睦。所以你看，领导力不是说要成为某个岗位的领导，也不是让别人必须听我的话。领导力，是尽量团结动员所有人，共同解决难题，达成目标。

那如何才能锻炼提升领导力呢？领导力的内容和提升方法其实很多，其中我觉得有四句话非常重要和管用，在这封信里分享给你：

第一，那我来吧！

第二，你觉得呢？

第三，现在就做！

第四，点球成金。

## 一、那我来吧

给你介绍一个人，李振元，他是爸爸认识的人里面很有领导力的。大概在 18 年前，有次我们聊天，说起要拍摄一部 DV 剧，反映医师的成长历程和酸甜苦辣。可是，没人写剧本。他说："好，那我来吧！"

简单四个字，"那我来吧"，2 个月后，他就真的把第一稿的剧本摆在了我面前。于是，才有了后面那部，我们一起自编自导自演自制的影片《白领日志》。这部片子我们利用周末或晚上去拍，最终拍了 3 年。从演员、剧本、拍摄、剪辑，再到王海写的原创音乐，每一项都做到了当时能力的极限。虽然这部片子最终只在网络上播出，但也是我们成长过程中很值得骄傲和自豪的事情。

再后来，也是和李振元一起，做演讲，做读书人，组织"慈善鸡蛋暴走队"。每次遇到事情，他都会很平淡地说："那我来吧！"简简单单四个字，却力量极大。因为从这四个字起步，才有了其他可能。

所以小卞同学，为什么我们要锻炼领导力呢？

因为需要团结大家共同挑战艰巨任务，而要别人也能全身心地一起干，就得先付出成本，做出表率。要先说：那我来吧！

## 二、你觉得呢

小卞同学，还要再提醒你一下，团队领导不只是发号施令，还要团结所

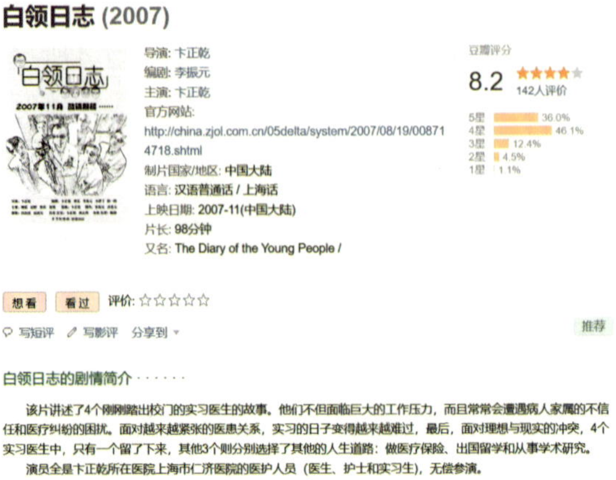

**白领日志 (2007)**

导演: 卞正乾
编剧: 李振元
主演: 卞正乾
官方网站: http://china.zjol.com.cn/05delta/system/2007/08/19/008714718.shtml
制片国家/地区: 中国大陆
语言: 汉语普通话 / 上海话
上映日期: 2007-11(中国大陆)
片长: 98分钟
又名: The Diary of the Young People /

豆瓣评分
8.2 ★★★★
142人评价
5星 36.0%
4星 46.1%
3星 12.4%
2星 4.5%
1星 1.1%

想看 看过 评价: ☆☆☆☆☆
写短评 写影评 分享到 推荐

白领日志的剧情简介 · · · · · ·

该片讲述了4个刚刚踏出校门的实习医生的故事。他们不但面临巨大的工作压力，而且常常会遭遇病人家属的不信任和医疗纠纷的困扰。面对越来越紧张的医患关系，实习的日子变得越来越难过，最后，面对理想与现实的冲突，4个实习医生中，只有一个留了下来，其他3个则分别选择了其他的人生道路：做医疗保险、出国留学和从事学术研究。

演员全是卞正乾所在医院上海市仁济医院的医护人员（医生、护士和实习生），无偿参演。

（《白领日志》的剧情简介，老卞）

有人干大事。前面的第一句话“那我来吧”，代表着身先士卒，带头冲锋。接下来，就要团结动员每个人，集中所有人的脑力和能量。因为我们必须承认自己是有认知局限和能力边界的，只有动员大家，齐心协力，才有可能达成脑力共识，形成集体智慧，并扩大团队的边界。

具体怎么做呢？就是这第二句话：你觉得呢？

还是举医院的例子，在制订一位病人的治疗或手术方案时，一般会征询每位团队成员的建议。哪怕主刀医生年资很高，经验很丰富，也要先听听大家的看法，问一下其他人：你觉得呢？

这有两个好处，首先，我们不要草率做一个重要决策，而要把各种可能都想清楚，这就需要多听大家的建议。因为每个人观察的角度不同，也许别人的观点正是自己所未知的。

其次，如果在平时一直聆听每位成员的建议，那么大家就会觉得这个主刀医生，这个 Leader（领导），是非常愿意倾听的人。在随后的诊疗和手术中，如果助手观察到一些隐患或危急情况，他也会愿意提出自己的观点，避免更大的危机。但前提是，只有当团队成员发现 Leader 是一个愿意倾听的人，那他才会勇于贡献自己的脑力，共同发现并化解危机。试想一下，如果助手每次一提自己的看法，就被主刀医生一顿批驳，换做是你，下次若真的发现了潜在危机，还会提吗？有可能就不会说了吧，这样最终受损的是团队医疗安全。

这就是领导力第二句话的重要性，“你觉得呢？”

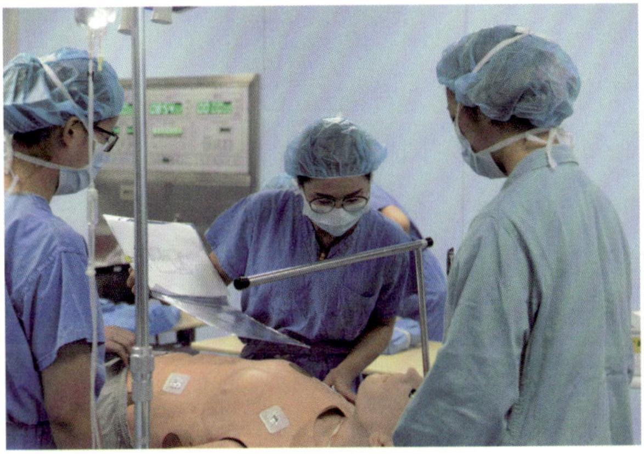

（医院内手术室情境模拟教学，老卞）

## 三、现在就做

如果团队一起考虑清楚了什么是目前最重要的事，决定了要付出全部身心努力奋斗；如果 Leader 也充分征询了团队成员的建议和看法，并且达成一致，小伙伴们都充满了干劲，那下一步，自然就去做呗。

所以第三句话就是：现在就做。

不过请一定要马上做，而且要大声地宣布，同时邀请所有人对我们的行动进行监督与祝福。只有这样才能真的有机会做成一件大事。你应该听过一句话：一鼓作气，再而衰，三而竭。一件想好的事情，如果拖拖拉拉，不能在一周内启动，那大概率就真的不会再做了。而接下来，这个团队也就散了。

还是举《白领日志》的例子，贴出招募演员海报的时候，其实我们还只有一个故事框架，剧本是边写边改的。可是话已经放出去了，就只能硬着头皮和大家伙一起往前冲，有多少困难也要努力克服了。接下来就有更多优秀的小伙伴听到消息后志愿加入一起做，直至最后完成。虽然整个拍摄过程，团队经历了很多困难，但如果当初我们一定要把各种细枝末节都想清楚了再启动，那就真的可能连与困难掰掰手腕的机会都没有了。

## 四、点球成金

小卞同学，组建团队去共同解决一个难题，那团队每个人的分工职责就很重要，这就好比你们学校踢足球时，有的小朋友明明前锋踢得好，偏要他守门；有的防守很严密，却安排他当前锋，这就是教练或者队长用人安排上出问题了。如何去识人用人，把任务分给最合适的那个人呢？

我想推荐你看一部电影《点球成金》，这对于领导力的提升帮助非常大。这部改编自真实棒球比赛的电影讲述了奥克兰运动家队总经理比利，运用领导力和创新用人策略，带领一支经费有限的棒球队取得突破性成绩的故事。比利面对球队核心球员被挖走、预算紧张的困境，决定打破传统，采用数据分析的方法挑选球员。他与耶鲁大学经济学硕士彼得合作，通过数学建模挖掘潜力球员，这些球员虽然在传统评估中不受欢迎，却具有被低估的特长。

比利的领导力体现在他对传统观念的挑战和对数据分析的信赖上。他不仅敢于接受新的筛选规则，还通过建立球员的自信心和完善协作来鼓舞士气，他找到年纪较大的球员，告知对方自己选择对方的目的在于让对方成为队伍中的领袖，这种方式既增强了老球员的信心，又强化了队伍内部的力量和鼓励。

最终，比利的策略帮助球队取得了20连胜的好成绩，虽然在决赛中败北，但他的领导力和识人用人的能力得到了证明。这个故事说明通过领导力和团队管理，能将一群被低估的球员整合成一支有竞争力的球队，在资源有限的情况下，领导力和创新思维非常重要。他也提醒了我们在日常的工作和比赛中，要发挥出团队每个人的特长和积极性，不断鼓励动员大家共同奋斗，如此才战胜一个个挑战。

小卞同学，和你分享的这四句话，看似简单，只有16个字，其实还蛮难做到的。特别是当你的资历越高，就会越难做到。这时候要保持谦卑，持续学习。因为:领导力是由学习意愿助燃前行的。

希望你能多说多做这 4 句话,锻炼领导力,团结更多人。

最终去完成你的使命。

努力,就会有机会。

老　卞

2024 年 6 月 22 日

20 第二十封

# 天赋还是努力更重要

“以一个人的现有表现期许之，他不会有所长进。以他的潜能和应有成绩期许之，他定能不负所望。”

——歌德

小卞你好，我是老卞，这是写给你的第二十封信，我们来聊聊天赋和努力哪个更重要。

先问你一个问题，你觉得天赋和努力哪个更重要呢？平时常常听你说起班级里的同学，哪位小朋友唱歌很好听，哪位小朋友是“学霸”，哪位小朋友画画很棒，当然，你也对自己的运动能力很有信心，对于刚打破了学校 400 米跑记录非常自豪。

有句话说：在天赋面前，一切努力都毫无用处。这仿佛说明了，天赋的作用要远高于努力。

不过，我并不同意！

我想给你讲 4 个故事，详细聊聊这个话题。

## 一、从怀疑到自信：爸爸的故事

爸爸是理科生，对于数学和物理很有兴趣。但在我刚上初一的时候，可不是这样的。那时数学对我来说就像是一道难以逾越的高墙。每次上课，我都觉得老师的话像是从另一个世界飘来的，那些公式和概念就像是外星语言，明明每个字都看得懂，但就是不知道该如何去解题。

我感觉自己完全没有数学天赋，更失去了信心，几乎要放弃。可是我的父亲，你的阿爷，当时对我说了一句话：你就努力去学，只要努力了就行，成绩没关系的。这句话像一道光，改变了我的人生。因为我听到了一个关键词：努力。当我明白了自己的位置，并只把努力去理解每道题当作目标时，反而掌握了更多的解题方法，并逐渐建立了数学思维和信心兴趣。

小卞同学，你觉得在面对难题时，是什么让我们重新振作起来的？是天赋的自信，还是努力的勇气？我认为，是持续努力的精神。这种精神让我们能够克服内心的恐惧，并逐步走向成功。

天赋与努力哪个更重要呢？

如果让我选，我会选努力。

## 二、期望的力量：罗森塔尔实验

1968 年，罗森塔尔教授和他的团队在一所小学进行了一项实验。他们告诉老师们，某些学生在智力测试中表现出色，有着非凡的潜力。学校老师看到名单后觉得很惊讶，有些学生确实优秀，有些却很一般。考虑到罗森塔尔教授的威望，老师也就接受了。实际上，这些学生是随机挑选的，测验成绩也是瞎编的，他们的“潜力”并不真实。然而，8 个月后，这些学生的成绩和性格真的发生了显著的变化，他们的考试成绩都有了很大提升，并且性格变成更加自信和外向。

这个实验结果的原因是当教师发自内心地相信这些孩子能有成就时，孩子们也会强烈地感受到来自学校教师的喜爱和期望，于是在各方面都有了异乎寻常的进步。这种现象被称为期望效应，也叫作罗森塔尔效应。这个实验展示了期望的力量，同时也证明了天赋并不是最重要的。

小卞同学，来自别人（特别是父母或老师）的正面积极期望对我们的成长有极大影响。我们的内在信念与努力也和外界的期望同样重要，当我们相信自己能够做到，并为此付出努力时，我们更有可能去实现人生目标。

（参加攀岩比赛的路上，9 岁）

## 三、努力比天赋重要：德韦克表扬实验

德韦克教授有一次让一群孩子做智力题，题目很简单，几乎所有孩子都做得很好。然后，她把孩子们分成两组。

对第一组说："你真聪明！"

对第二组说："你真努力！"

接下来，她让孩子们选择是继续做更难的题目，还是再做一次简单的题目。结果发现，被表扬努力的孩子们更愿意挑战更难的题目，即使失败了，他们也愿意从错误中学习，而不是放弃。而被表扬聪明的孩子们在遇到难题时，更容易感到沮丧，有的甚至会选择放弃。

这个实验告诉我们，当我们被表扬努力时，我们更愿意接受挑战，更愿意从失败中学习，并形成成长型思维模式；而当我们被表扬聪明时，我们可能会害怕失败，害怕失去"聪明"的标签，并陷入固定型思维模式。

养成不同思维模式对我们在如何看待失败这件事情上差别非常大。固定型思维模式的人会容易把自己成绩不好的原因，归结为自己的天赋不足。拥有成长型思维模式的人，会把失利原因归结于缺乏学习方法、好的老师或自己努力程度，并会全力去提升。

我们每上升一个层级，都会遇到更厉害的伙伴或竞争对手，当遇到挫折后更需要保持好成长型思维模式，寻找方法去不断提升。这就像你的攀岩训练，从俱乐部到区级比赛，再到市级比赛，现在开始参加全国比赛，每上升一个层级就会看到更多优秀的同龄小朋友，和他们交流切磋，向他们学习，并针对性地训练，会帮助你更快提升。

所以，当我们表扬别人或者被别人表扬时，应该更多地关注努力的过程，而不是结果。因为努力是我们能够控制的，而结果有时候会受到很多无法控制的因素影响。

（参加上海 VMORE 攀岩馆希望之星公开赛，10 岁）

## 四、人人都可以优秀：掌握性学习理论

小卞同学，很多人都说外科医生的手很有天赋，但其实大部分外科医生的手术技巧都是靠努力训练出来的。再和你分享一个我怎么训练外科手术技巧的故事吧，刚刚做外科住院医师的时候，每次上台都会紧张，既想观察学习上级医师的操作，也担心自己不能好好配合被主任骂下手术台。

可越担心，其实就越紧张。那时外科住院医师的主要工作是做手术助手，具体工作主要是拉钩和剪线。拉钩还好，这是对体力和意志力的挑战，时间久了就会掌握技巧，身体后仰一定角度，通过身体重心保持拉钩张力，一般能坚持好久。剪线就不一样了，不同材质的缝线和不同部位的线结，都有不一样的剪线长度要求。留的线太短容易造成线结松开术后出血，太长会有炎症反应。而且剪的时候刀口张开大小，用剪刀什么位置去剪，刀头倾斜多少角度，剪的时候手的稳定度，这些都有严格规定，主任要求非常高，不容半点马虎。

那怎么去训练我们手的稳定性呢？我当时给自己制定了2个训练方法。第一个是手术器械不离手，无论平时在家里还是宿舍，左右手总是各持一把血管钳，拿东西也好，左右手传递物品也好，甚至看书翻页，都是拿着血管钳去完成，逐渐达到了人钳合一的境界。第二个方法是乒乓板停球，这是训练手部稳定性的。具体方法是手持一块乒乓板，让一颗乒乓球在板上停留一分钟不动。要求是一分钟球不动，不是让球在板上晃动不落下来，这还是有点难度的。不过好在我有一定乒乓基础，制定好目标后经过一段时间努力练习，终于也能达到目标，手也自然越来越稳定了。

事后想来，这其实就是医学教育中著名的掌握性学习理论，掌握性学习最早见于美国教育家卡尔顿·沃什伯恩（Carleton Washburne）为芝加哥郊区小学教育制订的计划，以及芝加哥大学实验学校亨利·C. 莫里森（Henry C. Morrison）教授关于中学教育的著作。1963年哈佛大学教授约翰·B. 卡罗利（John B. Carroll）教授发表了掌握性学习学术论述，并提出四个要点：

（1）卓越可期。所有的学生天赋基础都差不多，而且绝大多数学生都是想要学好的，只要方法得当，并付之努力，最后都能够达到卓越水平。

（2）标准一致。在掌握性学习中，学生要求达到的学习目标和考试通过标准保持一致，或者相差不大，并且达到了这个目标后就可以进入下一个阶段的学习。

（3）拆分步骤。任何学习内容不管有多复杂，都是由一系列相对简单的环节组成的。如果我们能把复杂项目拆分成相对简单的步骤，就能确保所有学习者都能先掌握各个环节，进而合起来掌握整体内容。

（4）因材施教。如果学生的能力呈正态分布，那他们接受相同质量和时间的教学后，成绩也呈正态分布。但如果他们都接受优质的教学策略，并付出按照他们水平所相对应的时间，那么大多数学生都能达到卓越的标准。简单说就是通过要求标准化，训练时间个性化。

小卞同学，通过这四个故事，我们可以看到，虽然天赋在某些情况下可能会给我们带来优势，但最终，还是努力让我们走得更远。而且那些有天赋的人，往往比别人还要努力，这才是他们能持续高速成长的关键。

请保持努力每一天！

Keep Climbing！

老　卞

2024 年 7 月 14 日

21 第二十一封

# 发现追逐并成为光

“追光的人，终会光芒万丈。”

——泰戈尔

小卞你好，我是老卞，这是写给你的第二十一封信，我们来聊聊光。

你会说，光很普通呀，有什么好聊的？

我想，还是先给你讲个故事吧。

10 多年前的冬天，我去柏林参观犹太博物馆，进去的第一个屋子就把我震撼到了。那是一个地下室，进去先要用力推开一扇很厚重的门，等进到屋子里关上身后的门，你会发现眼前一团漆黑，很高的房间里竟然一盏灯都没有。

稍过一会儿，等眼睛适应了些，会渐渐感觉右上方出现了一丝微光。原来房间的上方有个很窄的缺口，通往一楼的户外。那里有一些光线投进来，很弱。再过一会儿，还能听到一些小孩子们游戏的笑声，原来缺口外就是一个社区儿童游乐场，小朋友的欢声笑语会通过缺口伴随微光投进这个密闭的地下室里。

那一刻，我哭了，泪流满面，毫无缘由地感到难过。

那一刻，我感受到了当年犹太难民被关在集中营时，

那种内心对光的渴望。

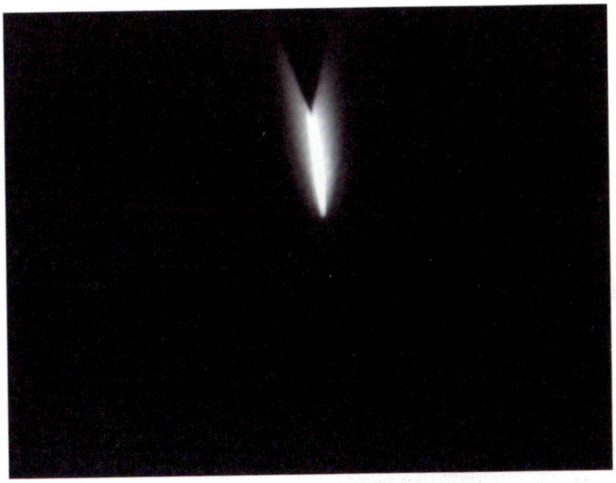

（参观柏林犹太博物馆，老卞）

什么是光呢？我心目中的光，是方向，是希望，更是温度。

光是方向：点亮我们行走的前方道路，引导我们做正确的事；

光是希望：是我们去追逐的内驱动力，展现不懈追求的过程；

光更是温度：具有温暖我们身体，点燃别人的热度，提供能量的价值。

那如何去做呢？这包含了三个层级：

第一，如何发现光。

第二，如何追逐光。

第三，如何成为光。

## 一、如何发现光

小卞同学，最近你有时会抱怨，放学时找不到同学玩了。毕竟五年级，面对小升初，小朋友们也感受到了压力，很多时候放学就早早回家做作业了。

说实话，我和妈妈一直反对过分刷题，每个孩子各有特点和擅长，因材施教可能会更好一些。这在医学技能培训中，叫针对性需求评估，属于柯恩六步法的第二步。直白点说，就是找到自己最感兴趣的领域，最适合的层级。

如果一味对标学科内最顶尖的那些小朋友，他们确实学科成绩很优秀。但那些题，已经远超我们的层级，如果被动地一味拔高，反而会因为过度焦虑而迷失自己，并错过很多其他风景。

每个人都有自己擅长的点，除了最基础的，做好课内学业外，还要去努力寻找属于自己的领域。

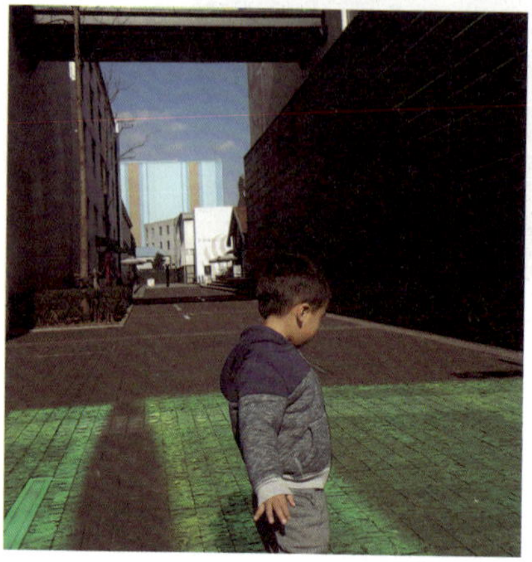

（第一次参观上海玻璃博物馆，4 岁）

最好的光芒，是内心的喜好，是自己的兴趣，是看见后两眼就会发光的喜悦。

而方法无他，就是多尝试，还记得之前我们说过的麦田实验吗？先多多尝试各类活动做加法，再逐渐筛选做减法，最终找到自己的兴趣并坚持下去。而学生时代，我觉得是最好的寻光阶段，因为这时的试错成本最低，哪怕选错还有重新来过的机会。

## 二、如何追逐光

如果一个人能早早知道自己的光——兴趣在哪里，那应该恭喜，他无疑是幸运的。接下来怎么办呢？围绕兴趣持续提升这方面的能力。怎么提升？

刻意练习，就是最好的提升工具。

之前我们曾经介绍过刻意练习，这里不再赘述，只简要重复一下刻意练习的四要素：

（1）设定一个阶段性目标。

（2）强烈的内驱力和计划。

（3）找到好的指导师资提供反馈。

（4）完成目标后进入下一个层级。

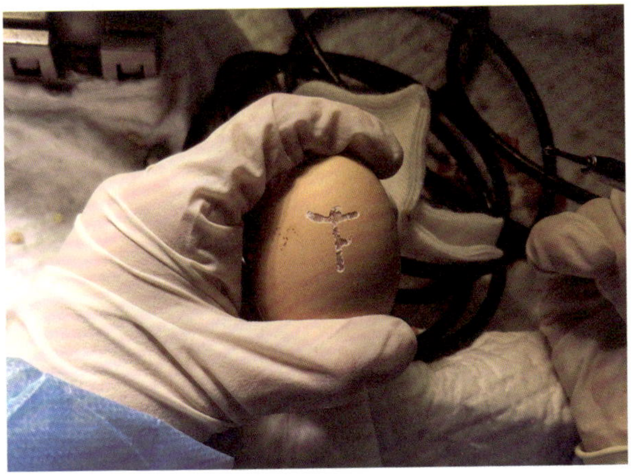

（医院内鼻内镜手术技能模拟训练，老卞）

这样我们的知识和能力就能通过一个个小目标的累积达成，而持续前进。这种小目标的不断成功，会把我们推向更高目标的达成。因为小成功才是大成功之母。若再辅以一万小时定律、行业调查实践、跨学科融合、人工智能这些工具，就能显著提升学习效率。

下棋如此，篮球如此，攀岩如此，数学亦如此。

## 三、如何成为光

小卞同学，你知道一个人的价值观和价值有什么区别吗？

价值观，是个人的选择，是由内向外的判断。

而价值，是他人能获益，是由外向内的评价。

一个人追求光的最高级别，就是自己最终成为光，

去温暖，去帮助，去团结，去影响他人，一起前行。

你在课本里读到过很多历史上的伟人，他们之所以能成大事，推进社会进步，就是因为他们最后都变成了那束光，那团火，成了对他人和社会有价值的人。

不过想要成为光可不太容易，毕竟那是很高层级。但其实也有方法，只要保持一个原则就行，就是：凡事少想自己能得到什么，而多想团队能获得

（第一次去瑞士少女峰，10 岁）

什么。

以团队或者事业为最高追求目标和行事要求，摒弃精致利己的想法，最终就会成为光。哪怕能力有限，自己的光芒未必很亮，但至少也能照亮身边几米的区域，温暖周围的一些好友。

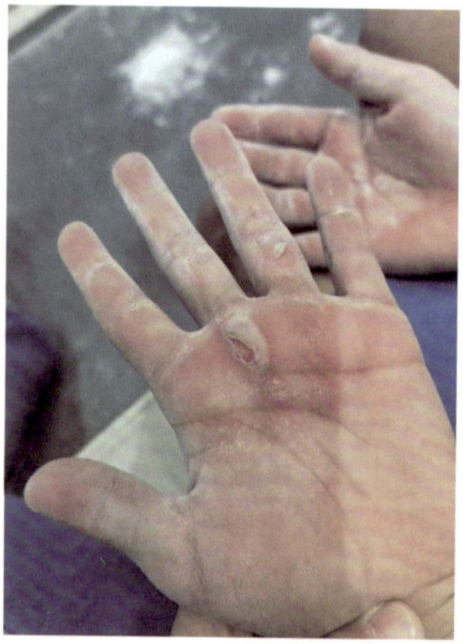

（攀岩日常训练，10 岁）

而这就很好了，起步别好高骛远，何况，一切燎原之火，最初都来自星点火苗呢！

小卞同学，三周前一次攀岩训练后，我们看见了你手掌心的老茧和水泡，老实说我们有点不舍得的。这还是 10 岁孩子的双手呢，已经因为热爱攀岩运动而布满水泡了。可是你却满不在乎，说了一句不疼，转身又去爬墙了。那一刻，你射向岩点的眼中布满了光芒。

今天是中秋节，你又去训练了，又练到岩馆关门才回来。你是幸运的，能找到自己的喜爱。小卞同学，最近你开始在攀岩比赛中获得一些小名次了，但那不是最重要的。我们更在乎你能通过一个一个目标的建立，找到自己的光，并追逐它，成为它。

祝中秋节快乐，眼中有光。

老　卞

2024 年 9 月 17 日

22 第二十二封

# 请保留处子之心吧

"没有通向幸福的路，幸福本身就是路。"

——一行禅师

小卞你好，我是老卞，这是写给你的第二十二封信，我们来聊聊初心。

先抛个球，你知道我读大学时最喜欢的一首歌是什么吗？是黄舒骏的那首《单纯的孩子》，歌词简单有力，旋律优美，其中有这么几句歌词我特别喜欢：

如果他是个单纯的孩子，那就让他单纯一辈子。

如果他是个善良的孩子，那就让他善良一辈子。

不要让他变得聪明而失去灵魂。

记得那时候买的卡带，9.8元一盒。那时我有个学英语用的随身听，寝室熄灯后我会塞上耳机，按下播放键，静静欣赏，就着很纯朴的音质，饥肠辘辘的，做着未来穿上白大褂成为医生的梦。

等到我从医学院研究生毕业，留在医院工作后，却发现生活节奏越来越快了。时间的飞轮快速地转动，每天手术、看书、值班、晋升、家庭，一档一档的事情，忙着赶路，反而有些怀念读书的时候了。总感觉毕业后的时针只是滴答滴答动了没几下，怎么就已经十几二十年过去了。

几年前，我生了一次小病，在床上躺了两天，等痊愈后重新下楼，却意外

发现小区里的风景如此之美，那草长得真绿，花也开得正好，空气里还有泥土的气味。小区门口飘来一阵肉香，那是生煎摊的烟火气，那家我曾路过无数次，却从没时间品尝一次的小馆。于是坐下，点一客生煎，咬上一口，汤汁迅速充满了口腔，整个人也飘起。

为什么小区的花草那么美，之前会忽略呢？

为什么街边的生煎那么香，之前会错过呢？

它们其实一直都在，只是那天，我又体会到了处子之心。小卞同学，处子之心是如此美妙，我其实很羡慕你，每天精神饱满，眼里有光，每天都能拥有它。因为能拥有处子之心，对我们的帮助可大了。

第一，保鲜对生活的热情。

第二，保有对学习的动力。

第三，保持对朋友的信任。

## 一、保鲜对生活的热情

每到一个新的城市，如果有时间的话 3 个地方我都特别爱去：博物馆、菜市场和人民公园。博物馆，是历史传承，能快速了解一个地方风物的最好去处；菜市场，是市井生活，每个城市都有独特的食材、叫卖方式与口音，非常有趣；而人民公园，是热情，每个人民公园门口，一到晚上都热闹非凡，闲聊纳凉的、遛娃嬉戏的，还有我最喜欢看的广场舞。

从那些跳广场舞的大爷大娘身上，你一点都感觉不到年龄的印迹。在夕阳映衬下，你反而能深刻感受到浓浓的青春热情，那种哪怕生活平凡，但只要音乐声一起就立刻能从身体里涌出来的热情。

确实，我们都向往美好的生活，需要一份稳定的工作支撑生活支出，为此我们也一直在好好学习，努力工作，自我提升。只是，若在物质追求上发力过猛，甚至相互攀比，则会陷入管状视野，忘记为什么要出发了。

前年，我在现场听了刘擎教授的一次演讲，他是我非常敬重和喜爱的一位哲学教授。那次他说了个故事。有位富豪买了架私人飞机，很得意。可有一次富豪跑到停机坪一看，发现自己的飞机旁停的恰是沙特王子的飞机，

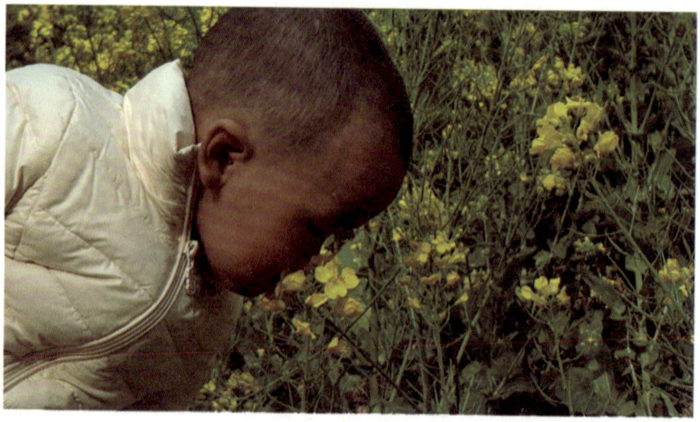

（公园里感受春天味道，3 岁）

与之相比，自己那架无论个头、装饰，还是性能，简直像是小朋友玩具一样。那位富豪一下子沮丧极了，心情跌入了谷底。你看，他其实已经很富有了，私人飞机对于普通人来说是不可及的。可是只要有了比较，他就会失落，就会沮丧。

物质上的过分追求和盲目攀比是永无止境的。我们应当保持好初心，进行更好的自我评估，设定力所能及的目标，并付诸努力。通过这样的向内求取，把实现自我目标作为努力方向，体验不断成长的快乐，并持续输出热情。

还记得前几年我们一起参加的一个“鸡蛋暴走募捐”吗？在那次活动中，四周的人，无论年龄，都是充满朝气，两眼含光，步履生风的。我相信这是因为他们的行动，能帮助到西部的孩子，这给了他们不断保持处子之心的热情。

## 二、保有对学习的动力

小卞同学，之前我们曾说过，人生是场马拉松，不是百米赛跑，也介绍过刻意练习的重要性。但刻意练习只是方法，对于我们每个人来说，是否能在工作后仍保有学习内驱力才最重要。而要保持内驱力，就需要我们始终保持学生时期对新知识的学习热情和初心。

纽约茱莉亚音乐学院的杰出小提琴教师迪雷（Delay），曾培养了很多艺术家。她的教育方法，是常常换位思考，反思听众对于表演的反应。这类似于反思临床病人对于医院、顾客对于饭店服务的根本需求，也是保持初心。迪雷教授会根据听众需求制订学生演奏的练习要求，并鼓励他们不断努力达到标准。她有一位学生在81岁时仍然每天练习4～5小时，因为他觉得自己每天都在进步，仍能追求音乐的初心。这充分说明了保有初心和设定合理的掌握性学习标准对于内驱力的激发。

小卞同学，你现在已经五年级了，小学阶段的最后一年，应该能体会到学习内容的逐渐增多和难度的增大，这种负荷会随着你进入中学、大学，进一步增加。不过学生阶段绝不是学习的结束，真正的学习是贯穿我们一生的，毕业后如果只抱着学校里的那点知识点吃老本，哪怕读到博士毕业，没过几年也就落后了。拿医学来说，今天的诊疗方案，5年后可能就会被迭代。各种手术方式、治疗原则、器械使用、诊疗指南，都需要我们每日去看文献，持续学习。我们只有快速地奔跑，才能保证自己还待在原地。

还记得你第一次学习骑车吗？还记得你第一次水中嬉戏吗？

保持初心，保持空杯的心态，持续学习，让生活更丰富，更有意思。

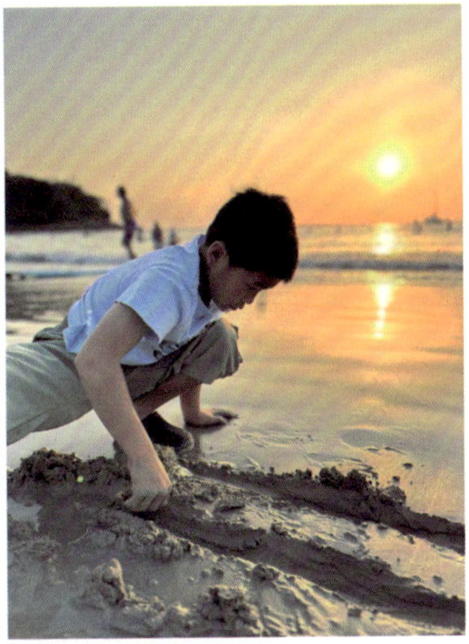

（海边挖沙，9岁）

## 三、保持对朋友的信任

小卞同学，写这封信的时候，我们正在去北京参加全国青少年攀岩锦标赛的高铁上。你和攀岩训练的小师妹一同出发，这一路聊得很开心。我有时候挺羡慕你的，在和小伙伴们的交往互动上，一直都能全情投入，很单纯，无保留。

长大以后的交友并非完全如此，我们有时会保有一定距离去社交。虽然也会在朋友需要帮忙时伸手相助，但那种投入感却没有你强烈，所获得的快乐自然也没你多。要不要对朋友信任，这个话题其实有点复杂。因为太过于信任，把自己和盘托出，确实有时会受伤，但如果把自己完全禁锢，那种感觉其实更糟糕。

人与人连接的范围和深度，决定了我们能走多远，能看到怎样的世界。如果是我，我会选择对朋友信任。人是需要社群来生活的，我们需要融入社会或者团队才能完成更多工作和更大任务。当然，这里所说的信任局限在我们认可的好友范围内，我们不可能与路上擦肩而过的每个人都产生密切联结。但如果在交往过程中体验到被欺骗，则应该及时止损，把对方排除在可信任名单之外，但要继续和值得信任的朋友交往合作。

不要为了一棵树放弃整片森林，

更别因为一次吃坏就拒绝进食。

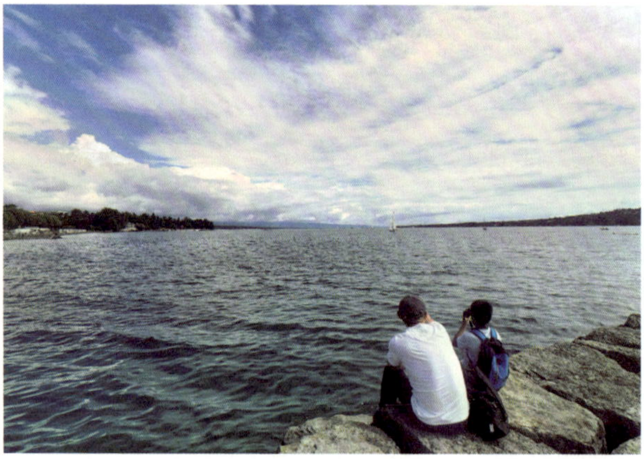

（第一次和爸爸妈妈去日内瓦湖，10 岁）

小下同学，那次生病出院的三天后，正逢刘擎教授演讲，我去了现场聆听。在演讲最后一段，他说：每一天都是余生里的第一天，请保持处子之心。当时我刚刚小病初愈，听到后感觉一下子被击中了，在现场泪流满面，哭得稀里哗啦。

处子之心其实一直藏在我们身体里，从没有离开过。如果今后某一天，你发现找不到它了，只要记得轻声呼唤，它就能听见，随时从身体里跑出来，就像今天小区的花草和生煎一样，为我们注满能量。

愿你未来每一天，醒来时都宛如新生。

老　卞

2024 年 10 月 3 日

# 一群人走得更远

"团队合作不仅仅是分工合作,更是心灵的契合和目标的统一。"

——稻盛和夫

小卞你好,我是老卞,这是写给你的第二十三封信,我们来聊聊团队合作。

首先,祝贺你作为队员之一,代表静安区夺得2024年上海市学生运动会攀岩速度接力团体金牌,当然主要原因是你有两位很厉害的队友,他们很擅长速度攀爬。不过你的表现也很棒,在队友的激励下你出手迅猛果断,甚至爬出了比个人速度赛还要快的成绩,也为团队夺冠作出了很大的贡献。比赛后你和队友一起登上了领奖台,照片里,笑得很灿烂,很自豪。

(第一次参加全国少年攀岩锦标赛,10岁)

这就是团队的力量,在团队中,哪怕某个人能力再强,但其他队友不给力,也无法获得最终胜利。不仅攀岩,其他行业也是如此。拿外科来说,团队合作也是医生非技术技能的重要组成部分。我们常说一句话，主刀医生哪怕刀开得再好，如果没有助手、麻醉医生和护士，其实啥也做不了。有研究证实，如果能在外科手术前召开短暂的团队通气会，就当天手术病人的具体情况与注意事项达成一致，不但不会延误手术开始时间，反而能提升术中默契程度，从而提高医疗安全性。

小卞同学，在你今后的学习、运动、工作、生活中，会有许多加入团队，甚至领导团队的机会，那我们该怎么做呢？一个团队能走得更远，创造更多火花，有三个问题最重要：

第一，如何选择团队。

第二，如何融入团队。

第三，如何领导团队。

## 一、如何选择团队

小卞同学，选择团队，就像是选择一群伙伴去探险，你需要的不仅是能力，还有目标、资源、信任和默契。那如何选择合适的团队呢？我觉得主要评估四方面要素：平台、目标、领导和尊重。

(1) 平台。还记得点线面吗？如果个人的努力和天赋是点，所加入的团队是线，那么平台就是面。在选择的有限顺序上，面>线>点。好的平台会有更多的学习和实践资源，也会有更开阔的视野和人脉，往往能够让你站得更高，看得更远一些，提前感知风向机会和认识更优秀的人。

(2) 目标。一个好的团队，应该有共同的目标和愿景。这个目标就像是指南针，指引着团队的方向。比如，谷歌创始团队的共同目标是：组织世界的信息，使其普遍可访问和有用。这个宏伟的目标，不仅激励着团队成员，也推动着谷歌不断创新和发展。

(3) 领导。团队需要有领导，这个领导可以是校长、主任、教练或者球队队长。无论什么团队，什么任务，领导必须具备更高的专业能力、视野、学习能力、组织能力和人品。有这样的人带领，整个团队都会不断提升。

(4) 尊重。团队成员的相互信任和尊重是共同成长的基石，比较好的状态是无论资历深浅，每位成员都能感到自己的意见被尊重，贡献被认可。比如，皮克斯动画工作室鼓励开放的沟通和创意的碰撞，每位成员的想法都能得到充分的讨论和尊重，这也是皮克斯能够不断创作出经典动画电影的重要原因。

总结一下，就是下面这个象限图。

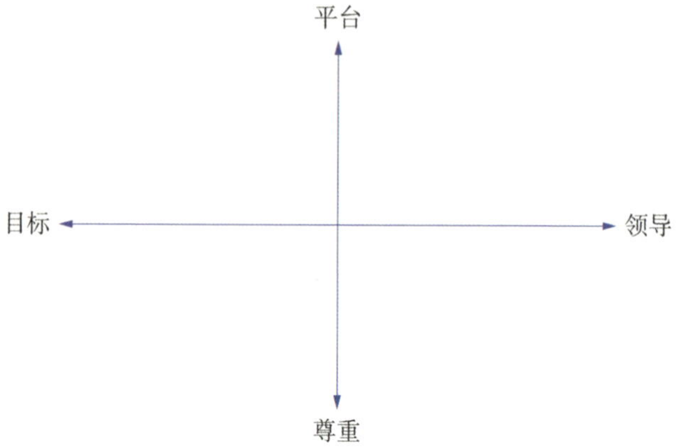


（平台、目标、领导、尊重的四象限图）

小卞同学，你可能会问，知道了这四个象限后，具体要怎么选呢？

看上面这个四象限图，我们当然期望加入一个四个方向都是10分（满分）的团队，可实际上这样完美的团队并不存在。我的体会是，在平台这一项达到9分的情况下，其他3项都达到7分就是一个比较好的团队。而当平台只能达到7分的情况下，其他三项要素都要能达到9分。简而言之，要么平台特别好，要么团队特别有愿景、领导力和活力。

当你找到一个非常好的团队时，该怎么办呢？当然是积极地抓住，拥抱，融入团队，不要有丝毫犹豫。就像前几封信我们曾聊过的，去果断摘下那朵最大的麦穗，然后昂首阔步地走出麦田，头也不要回。

## 二、如何融入团队

小卞同学，进入一个新团队，我们往往会担心自己能不能适应，领导对我好不好，新的小伙伴是否友善。要如何融入一个团队呢？其实，融入一个团队，更像是加入一个大家庭，需要的不仅仅是适应，还有贡献和成长。在这里我也有3点体会和你分享。

1. 积极主动

这些年来，有个词出现的频率特别高：内卷。这个词虽然表达了工作的忙碌，但给人的感觉总有些被动。我觉得针对于我们这封信的主题，不妨改个字，变成：内驱。

内驱力对于团队新人来说太重要了，因为只有自己想要提升，想要与优秀团队一同成长，才能真正融入。而且团队分工往往很细，哪怕是新人也能找到自己的职责，争取为团队作出贡献。比如，医学生在成长的过程中，都要经历在门诊抄方的过程。这个过程看似有些无聊，因为只是不停地输入医嘱。但在抄方中只要自己有心，也可以观察到老师的思维、诊疗、体检和沟通方法，其实是可以学到很多的。

2. 提供价值

团队需要每个成员的智慧与行动，这样才能集思广益，找到最好的解决方案。在团队中，每个人都可能遇到困难，当你看到队友需要帮助时，不要犹豫，尽力伸出援手。这样的互助精神，会让团队更加团结。还是拿手术举例吧，不是每位外科医师生来都是主刀的，他必须从助手到主刀，逐步提升。但好的助手贡献也很大，他可以暴露手术视野，提醒主刀规避风险，让整台手术行云流水，非常丝滑，也保证安全。有些年轻医师甚至还因为助手做得好，而成为某位外科教授的“御用”助手，得到更多学习和提升的机会。

3. 开放学习

针对团队的某件事情，每个人都会有自己的观点。这时我们需要保持开放心态，倾听他人意见，也接受批评建议。因为每个人都会有认知的局限性和偏好。给你介绍一个沟通模型：乔哈里视窗。我们和他人对某件事情的认知，可以分为双方都知道的公开区、我知道他人不知道的隐藏区、我不知道他人知道的盲目区和我们都不知道的未知区。在团队内部讨论中，就是要把各自的隐藏区和盲目区转变成团队的公开区，达成共识。保持开放学习的状态，像一块海绵不断吸取别人的正确做法，观察那些优秀同伴和上级的工作方法，会让我们持续进步。就像乔布斯的那句经典语录：Stay Hungry, Stay Foolish(求知若饥，虚心若愚)。

**乔哈里视窗表**

| | 他人的认知 | |
|---|---|---|
| 我的认知 | 公开区<br>(我知道，他人也知道) | 隐藏区<br>(我知道，他人不知道) |
| | 盲目区<br>(我不知道，他人知道) | 未知区<br>(我不知道，他人也不知道) |

## 三、如何领导团队

小卞同学，一位外科医生最终会走到主刀位置，住院医生也会有独立值班、组织抢救的时候。不管愿不愿意，最终我们都会在某个时机成为某个团队的领导。那我们如何去做好这个团队“领导”呢？之前给你介绍过怎么去培养领导力，这封信再和你分享几个领导团队的方法吧。

1. 明确使命

在组建团队之初，我们需要明确团队使命。这个使命将决定团队的方向和目标。我们的使命感越高，团队的目标就会越明确，奋斗也会越有价值感，从而促使大家齐心协力往前走。比如我们在拍那部《白领日志》时，目标就是通过这部影片来改善国内医患关系，虽然最终大环境并没有因为一部自拍的影片而改变，但确实有一些病人和家属在看过之后，私下表达了他们对医护人员的理解，也让我们感觉很欣慰。

2. 精心挑选

在挑选团队成员时，你需要像挑选种子一样精心筛选。我们需要先找到那些有潜力、有热情、有能力的人——他们将成为团队基石，然后通过共同愿景把大家团结在一起，与团队共同成长，实现更大的目标。比如，亚马逊的创始人杰夫·贝索斯在组建团队时，非常注重招聘有创新精神的人，这些优秀的团队成员，帮助亚马逊成了电子商务和云计算领域的领航者。

（医院模拟教学师资团队讨论课程建设，老卞）

3. 培养文化

每个团队都有自己的文化，这个文化就像是团队灵魂，吸引着优秀人才加入，并影响着每位成员。比如星巴克的团队文化强调“伙伴”精神，视员工为伙伴，鼓励团队合作和互相支持，这种文化就让星巴克在全球范围内建立了一个高效的团队。

小卞同学，团队的力量是巨大的，让我们完成一个人无法完成的任务，让我们在困难面前不孤单，让我们在成功时有人分享喜悦。在未来的日子里，希望你能选择一个有共同目标、发展愿景、充满信任和尊重的团队；融入一个积极进取、乐于助人、开放心态的团队；组建领导一个使命明确、成员优秀，并有良好文化的团队。

一个人可能走得更快，但一群人才能走得更远。

祝你通过团队合作，去实现更多的梦想。

老　卞

2024 年 11 月 8 日

24 第二十四封

# 如何高效地看书

“学习如何学习一定是人生中头等重要的事情。”

——凯文·凯利

小卞你好，我是老卞，这是写给你的第二十四封信，今天我们聊聊一个永不过时的话题：如何高效阅读。

最近学校老师布置了一篇作文，要求写下心目中未来 20 年可能发生的技术变化，你写的是 AI 机器人送快递，3D 打印的攀岩墙自动定线系统，还有教室内仿生日照防近视灯管。你能有这样的想法我觉得很开心，确实各种新技术正在快速改变我们的工作和生活方式，我们都需要不断学习，终身学习。未来，一定属于那些永远在学习的人，而阅读必定和终身学习形影不离。

可是日常的工作学习已经很忙碌了，如何才能更高效地看书学习呢？

别急，还是先给你讲个故事。

2010 年，我有幸加入了医院援滇医疗队，去了云南一家县医院工作。医疗队里有位很优秀的同事，心外科胡医生。我会亲切地叫他老胡。老胡不仅颜值高、手巧，还特别勤奋。那时，我正准备一场重要的考试，每天晚上都埋头苦读，老胡看我这么辛苦，就给我提了个建议：读书就像吃早饭，只喝稀饭虽然能饱，但嘴里没味，你得一口稀饭就口酱菜，才下饭。于是，他给我推荐了许崧的书，建议我看一个单元的专业书，再看一章许崧的游记。从此我就开始并爱上了这种“稀饭配酱菜”的学习方式。

虽然那一年的考试我最终还是差了一点，但心里却是满满的。透过一本书，了解一个人，体会从未有过的经历。许崧的书为我打开了一扇窗户，窥见了未知风景。从此，我开始阅读更多作者的作品，刘瑜、梁鸿、熊逸、海斯勒……这些名字让我的世界变得更加丰富多彩。

很多人读书追求的是干货，寻求的是拿来就能用的解决方法，其实这是一种仅停留在表面的阅读方法。真正的阅读，应该在书中与作者交流碰撞，借他们的视角看到上下五千年的多元性。白岩松说过，书看多了总会有些改变的。我同意这句话。打开的窗户越多，你就会觉得有那么多领域是我们不了解的，体会到自身渺小，进而对世界有了敬畏之心，渐渐地言行举止也会发生变化。所以我一直觉得看书应当是越多越好，越杂越好。

想象一下，如果整个世界的全部知识是一个大蜂巢，每本书就是其中一个小小的六角蜂房。当我们从空中俯瞰，看那蜂房的灯火逐个亮起，光影越来越大，那是多么美丽！回到我们这封信的主题：如何才能高效地读书呢？我想下面几个方法或许能帮助你。

## 一、固定习惯

黄仁宇是著名历史学家，他写过《万历十五年》这样的名著。不过他本科并不是历史专业的，早年他读的南开大学电机工程系，后来抗战全面爆发，他投身军旅，直至 46 岁才赴美获得历史学博士学位。但他却后来居上，完成了一项令人敬畏的壮举：通读了《明实录》。这部巨著超过 1 600 万字，为了实现这一目标，黄仁宇制订了一个计划，即每天至少阅读 50 页，并坚持了 5 年。这种方法看似简单，甚至可以说笨拙，但正是这每天 50 页的坚持，让他成为当时历史学界唯一通读《明实录》的人。通过这种持之以恒的努力，他掌握了足以支撑他学术生涯的深厚知识，这无疑是一项非常值得的投资。

小卞同学，养成固定的阅读习惯就是提高阅读效率的关键。你可以每

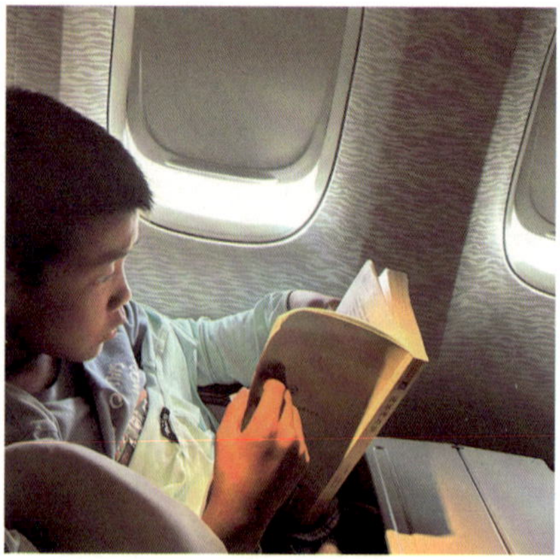

（旅途中，9 岁）

天设定一个目标，比如每天阅读 15 页，并持之以恒，这样 2 周就可以读完一本书，每年可以精读 20 本以上的书。你还可以利用碎片时间来阅读，比如坐地铁时，或者晚上睡觉前。只要养成固定读书的习惯，假以时日，一定可以感受到阅读和时间叠加带给你的福利与自信。

## 二、点扫听书

另外，也有一些方法能帮助我们提升看书效率，我自己常用的是点读、扫读和听书这三种。

1. 点读：手指与眼睛的合奏

点读，就是你在书页上用指尖轻轻点过每一个字，边点边读，这就像手指与眼睛是在书本上弹奏一曲乐章。这种方法特别适合那些需要你集中精力，逐字理解的内容。当你在阅读时，试着用食指或笔尖轻轻地触碰每个字，就能让你的视线更加稳定，减少回读和跳字的情况。这就像是跑步时，将目光锁定前方，可以帮助你保持方向和稳定速度。

2. 扫读：快速掠过，抓住大意

扫读，就像是用扫帚快速扫过地面，目的是把灰尘扫到一堆，而不是细致地清洁每一个角落。这种方法适合那些你只需要大致了解内容的书籍。有时你只需读每个段落的第一句话，这通常是作者用来概述段落主旨的地方。如果第一句话能让你明白这个段落的大意，就可以大胆地跳到下一个段落。这就像是在吃自助餐，你不需要每道菜都尝一遍，只需要挑那些最有代表性的。

3. 听书：时间叠加的利器

听书上有许多别人已经整理好的读书笔记，并且录制好的音频。我们在上下班路上、做家务或者运动时，都可以戴上耳机，让那些别人已经消化的知识，通过声音流入大脑。听书还有一个好处，我们不需要正襟危坐地读书，只需要让耳朵去工作。这样就能在不知不觉中，快速浏览大量书籍。如果在听书时发现哪本书特别好，还可以挑来精读，从而避免把时间花费在一些低质量的书籍上。

点读、扫读和听书，这三种方法就像是阅读的三剑客，帮助我们在书的世界里，既能精准打击，又能快速掠过，还能轻松享受，让阅读不再是沉重的负担，而是轻松愉快的探险。

## 三、主动阅读

小卞同学，要成为高效的阅读者，除了输入外，还需要主动思考和输出。我们在阅读时，可以自问四个问题：书的主要内容是什么？作者如何论述细节？书的观点是否合理？书与自己有何关联？

这四个问题对应阅读的四个层次：基础阅读、检视阅读、分析阅读和联结阅读。

（1）基础阅读。这是初级阶段，这时只需理解书本上的字面意思即可。

（2）检视阅读。包括系统略读和快速通读，前者要求快速了解书的结构，后者则是从头到尾翻阅以获得初步了解。

（3）分析阅读。这更为复杂些，分为三个阶段：了解书的范围和结构，理解内容和作者的论点，以及评价书的质量和观点。这一层次要求深入理解并形成自己的见解。

（4）联结阅读。这是更高境界，围绕特定主题选择书籍，需要更强的主动性和判断力。它不是为了阅读而阅读，而是为了解决实际问题。

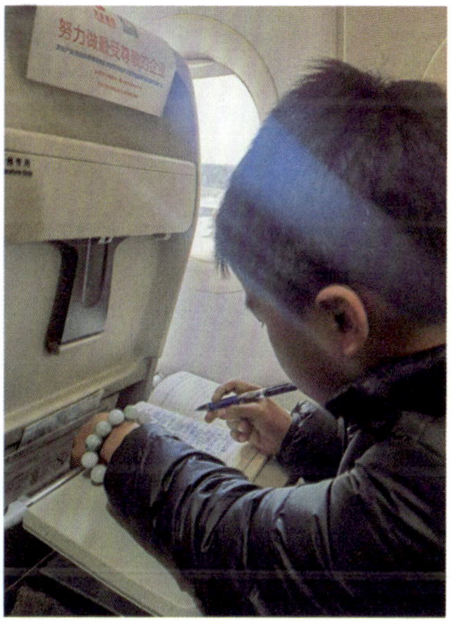

（参加全国攀岩青少年U系列比赛路上，10岁）

主动阅读和深入理解是提升阅读能力

的关键,通过不同层次的阅读技巧,可以更有效地吸收知识并形成自己的见解。

## 四、做好笔记

小卞同学,阅读时我们往往对书的内容当时印象很深,但过后却想不起来讲了什么,所谓前看后忘。为了提升读书吸收率,在阅读过程中做好笔记非常重要。你可以用便笺纸来记录自己的想法和问题。记录卡片的时候,用一个关键词作为标题,有助于提取记忆,中间写上内容,标好哪些是书中引用的原文,哪些是你自己的延伸思考,最后标注书名。

此外,你还可以每天写300字的读后感,也是一个很好的习惯,不仅可以帮助你巩固记忆,还能提高系统思维和表达能力。写下理解和感悟,实际上是在用自己的语言重新解释书中的观点,这个过程能够极大地加深我们对内容的理解和记忆。相当于每天你都在和作者进行一场深入的对话,而这场对话的焦点,就是你那300字的读书笔记。

在这封信的最后,向你介绍一位对我影响很大的人,那就是你的阿娘,我的妈妈。她虽然算不上什么高级知识分子,但在安徽上山下乡的经历让她对读书有着无比渴望。记得在我小时候,那个各家各户都不是太富裕的年代,阿娘就经常说,无论家里条件多困难,其他地方可以省一点,但买书的钱不能省。

小卞同学,这句话其实对我的影响非常深远,阿娘用这句话,很简单直接地告诉了我一个道理:读书是家里最重要的事情。今天的你,当然不会为了买书的钱而犯愁,过年的压岁钱就足够你买书了。所以我想把阿娘的这句话稍微改动一下,转送给你:小卞同学,无论你今后有多忙,请一定记得,看书的时间不能省。

我很喜欢每天晚上和你一起在睡前读书。

希望能与你一直读下去,一起成长。

老　卞

2024年11月28日

25 第二十五封

# 写作是超开心的事

“如果打开了批评的门，就关闭了学生分享的窗。”

——李崎

小卞你好，我是老卞，这是写给你的第二十五封信，这封信我们来聊聊写作。

今年夏天我们全家一起出门旅行，去了雪山下的一个湖泊，景色很美很舒服，湖水很清也很冰。有大人在湖里游泳，你很好奇，想试试踩水，一下脚立马被冰凉的湖水激回岸上。不过还是你的身体好，等双脚恢复温度后，又再次踏入湖里，并且越踩越深，最后竟在湖里真的游了起来。

回家以后，你说想写一下那次游泳经历，结果一落笔很快就完成了，而且景物和细节描写得特到位，细节满满。其中有句描写我特喜欢：The lake became a refrigerator and I became an ice-cream in a second（湖变成了冰箱，我瞬间变成了冰淇淋）。我们对于

**Trip to Switzerland**

Have you ever been abroad before? How many places have you been out of China? Ok, today I will talk about a very interesting and exciting trip to Switzerland.

The most fabulous day is the day when we traveled to a lake called Oeschnensee which was formed by glacial melt water. We started from the bottom of the hill by a cable car, and then we need to climb the hill by ourselves, exhausting but happy. At last, we reached the top. Luckily, we saw many cows, they were chewing the grasses.

Oeschnensee is the most beautiful lake in Switzerland. Many people were swimming in the lake when we got there. Because of the hot weather, Mum allowed me to play water beside the lake. When I took off my shoes and stepped into the water, the water was warm at first. But as I went deeper and deeper, there were more and more rocks at the bottom of the lake, some of them were sharp and slippery. I was happy until I accidently slipped and fell into the water. The I knew the water was freezing. The lake became a refrigerator and I became an ice-cream in a second. I stood up and my teeth were chattering.

To my surprise, Mum asked me to swim in the lake. She encouraged me that swimming in the glacial melt lake would be brave and cool. I decided to go back into the freezing water. Firstly, I put my legs into the water, and then my tummy, then the neck, after half an hour, I did it! At last, I began to swim and the water was not freezing at all.

Now, do you want to go to places around the world? Do you want to go now? Come with me!

↑（瑞士归来后的英语作文，10 岁）

你愿意主动去记录旅行过程真是感到特别惊喜，和你一样，我也一直觉得，写作应该是一件超开心的事情。那要怎样才能让我们更开心呢？我想和你分享一下自己的体会。

## 一、看山看水看书看人

小卞同学，你觉得什么是好的作文描写呢？是好词好句，还是关联手法？我觉得是对细节的描写。无论鲁迅、莫言的作品，还是哈利·波特魔法书，对于细节描写都格外重视，非常有画面感，有时我都觉得书里那种画面感和现场感，电影都很难拍得出。

那要如何提升我们的细节描写水平呢？其实就是要走出去，看山看水看书看人。如果我们拿到一道命题作文，但自己又缺乏经历，只靠凭空想象是很难写出细节感的。生活体验是写作的源泉，它为我们提供了丰富的素材和灵感。当我们走出书本，走进自然，观察山川河流、城市乡村，就会发现许多独特的景象和细节，这些细节可以为我们的写作增添生动的画面感和真实感。比如，你在海边散步时，观察到海浪拍打沙滩的声音、沙滩上贝壳的形状和颜色、远处帆船的轮廓，这些声音、形状、颜色甚至气味的细节，就能让文字更加鲜活。就像你有了在冰湖里游泳的经历后，才能写出那样有画面感的文字。

看山看水是第一步，是我们能感受到的经历，再往上一层，就要看书看人。通过阅读各种书籍，在历史维度里纵向拓宽我们的视野，丰富知识储备和情感体验。而观察身边人们的言行举止、喜怒哀乐，也能让我们感受到人的复杂和多样，在写作中更好地刻画人物形象，展现内心世界。就像建造一座房子，生活体验是地基，细节描写是砖瓦，外形风格是设计。只有地基扎实，设计才能进一步实现，砖瓦才能往上垒砌，我们的文章也才会更扎实，更有意思。

## 二、你想写给谁看呢

写文章就像做饭，如果只是为自己做，那想怎么搭配就怎么搭配，想加

（第一次在瑞士湖中游泳，10岁）

什么调味料就加什么，反正自己吃得开心就行。但如果我们是要为朋友做饭，那就要考虑他们的口味和需求了。写文章也一样，文章是给其他人看的，我们就得换位思考，想想谁会看这篇文章，他会喜欢什么样的“口味”。

不同的读者就像不同的食客，口味不一。专业人士可能更喜欢“重口味”的专业分析，而普通大众可能更喜欢“清淡”的通俗解释。所以，了解读者的口味，才能做出他们喜欢的文章“菜肴”。然后，想想读者读完这篇文章后，他们会怎样评论，采取什么行动。就像做菜时，我们希望食客吃完后能满心欢喜，下次再来光顾。写医学科普文章时，我们希望读者看完后能多关注自己的健康，定期体检。这样既让读者能学到知识，又可以时常回味。

现在，我在给你写这些信时，除了是写给你看，向你分享我的一些观点外，还有一个目标人群就是和我们同样的新手爸妈。他们可能也需要一些实用的育儿经验，帮助自己孩子成长。所以，在写这些信时，我也会提到很多具体的育儿方法，希望能分享给新手爸妈们。这样，写出来的文章才能“色香味俱全”，让人长久回味。

## 三、写好文章就是讲好故事

讲故事是写作中的一项重要技能，因为人们天生就喜欢听故事。一个好的故事能够吸引读者，让他们沉浸其中，感受角色的情感，甚至从中获得启发和思考。那如何才能讲好故事呢？一个成功的故事通常包含四个基本要素：情节、人物、挑战和变化。

（1）情节：是故事的骨架，需要环环相扣，推动故事向前发展。

（2）人物：是故事的灵魂，需要有鲜明的个性和真实的情感。

（3）挑战：是故事的动力，促使人物去行动和成长。

（4）变化：是故事的意义所在，展示了人物从故事开始到结束的内心转变。

这四个要素缺一不可，共同构成了一个引人入胜的故事。故事的题材可以千变万化，但其底层逻辑始终不变：主人公经历一系列挑战，并在其中实现蜕变。这样的故事能够带领读者与主人公一同经历挣扎、奋斗和成长，感受他们的情感起伏。

## 四、卢曼卡片笔记写作法

尼克拉斯·卢曼是德国著名社会学家，他一生写了58本书和数百篇论文，其中许多成为经典。他的写作秘诀就是卡片笔记写作法。这是一种高效的知识管理和写作方法，包括三个步骤：

（1）闪念笔记，用于捕捉日常生活中的灵感和想法，无论何时何地，只要想到有价值的内容就立马记录下来。

（2）文献笔记，在阅读书籍或文章时，记录下重要的观点、数据和论据，并注明来源信息，以便将来引用。

（3）永久笔记，将闪念笔记和文献笔记进一步深化，用自己的话重新表达原文内容，并加入个人的思考和理解，从而形成系统化的知识结构。

卢曼卡片笔记写作法的核心在于将知识分解成小的单元，并存储在卡片上，便于随时查阅和扩展。通过这种方式，我们可以将大量的阅读笔记和思考整理成一个系统化的语料库，为写作提供丰富的素材。卡片笔记之间的链接可以促进知识之间的关联和深度思考，帮助我们在写作时获得新的思路和灵感。此外，也有助于我们在写作时快速找到相关的素材和论点出处，从而提高写作效率和质量，创作出更有深度和广度的作品。

## 五、点滴输出日积月累

提升写作水平需要持续不断的练习和输出，正如练习钢琴一样，只有通过日积月累的训练，才能不断提高技巧和熟练度。每天记录生活中的所见所闻、所思所感，这些点滴积累将成为写作的源泉。海明威每天坚持写作 6 个小时，托马斯·曼虽然每天只写一两页，但每天坚持。他们之所以能创作出大量优秀作品，靠的不是一时的热情或灵感，而是长期坚持的纪律和习惯。

最后，我想说一下去年你写的两本游记，在去了兰州和泰国清迈后，你回到家就迫不及待地提笔记录当地的美食美景，每个地方都洋洋洒洒写了三四篇游记。妈妈还帮你配上了打印好的照片，看上去还蛮像模像样的。记得在旅行完回上海的路上，你很兴奋，一路都在规划要写哪些内容。等到写的时候，也是全神贯注，一气呵成，且不说完成的质量，这样很开心地去写作、去记录生活，就足以让爸爸妈妈觉得很赞。

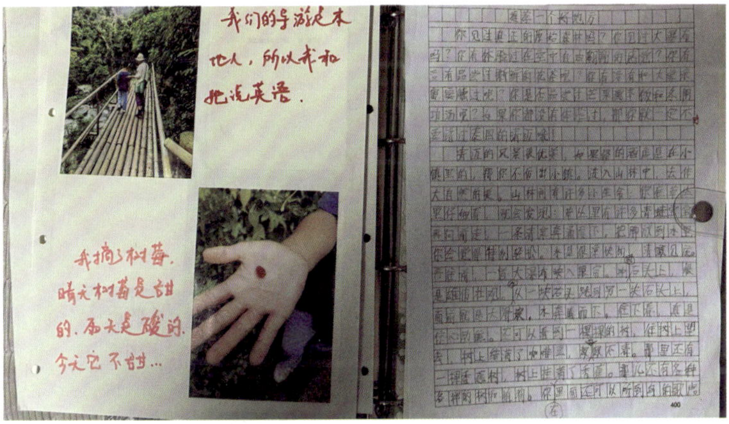


（第一次和爸爸妈妈去泰国后的记录，9 岁）

小卞同学，现在我在给你写这封关于写作的信，也是非常开心的。开心记录日常的点滴瞬间、分享我的一些观点、陪伴你一起成长。只有开心才能让我们想做的事情更持久，质量更高。

祝你能开心写作和记录每一天。

老　卞

2024 年 12 月 15 日

26 第二十六封

# 做好演讲的三个方法

“如果让我重进大学，我将修好两门课：演讲和说服。”

——尼克松

小卞你好，我是老卞，这是写给你的第二十六封信，这封信我们来聊聊如何做好演讲。

这个月很开心地得知，你获得了上海市 ESDP 英语演讲比赛一等奖。比赛那天，其实妈妈有点紧张，不过你表现得相当沉稳，在等待入场时还和周围小朋友聊天，别人演讲时心中默念讲稿，自己上场时也很镇静。这次比赛的成绩固然不错，不过我们更高兴的是能让你感受到演讲带来的正反馈，并帮助你建立信心。

演讲能力实在太重要了，之前我们提到过“二八法则”，每个人除了自己专业外，应该抽 20%的时间去学一种“第二技能”。演讲，就是很好的“第二技能”。原因有两点，一是因为演讲很重要，对我们人生的各个阶段、各种职业都有用。二是因为要做好演讲是有方法的，有了方法就相对容易提升。

小卞同学，我们很开心地发现，你很喜欢并擅长在公开场合演讲，特别是英语演讲。不过要做好演讲，要让听众有收获并不容易。在这封信里，有一些提升演讲效果的实用方法分享给你，或许会有帮助。主要包括以下三点：

第一，明确目的。

第二，多讲方法。

第三，说个故事。

## 一、明确目的

小卞同学，你觉得做好演讲什么最重要呢？

也许你会说，是讲稿内容、预先试讲、现场表现、服装姿态等。这些确实都很重要，却不是最重要的。要做好演讲，最重要的是清晰的演讲目的。

前几天你上网课时，和老师聊起去泰国的经历，推荐了清迈的好几个景点，并且还帮老师制订了一个很实用的攻略：从大象营到丛林飞跃，从寺庙到街头小店。我和妈妈在旁边听了都觉得你的安排很棒，让人身临其境，很想立刻就去看看。你看，这就是说话的目的，在日常说话时我们都会带着目的，有时是聊聊家常，谈谈最近一段时间的生活近况；有时会推荐去过的好玩地方，希望别人也有好的旅行体验；有时是医院术前谈话签字、病人检查的结果告知、治疗决策的制定等。

（参观上海美术馆，8岁）

演讲也是如此，每次演讲我们都带着目的，这是在讲之前，首先要明确和想好的事情。无论是介绍景点、科普宣教，还是说一段脱口秀，只有预先明确了目标，才能写好讲稿，也才有更好的演讲呈现。有句话我很喜欢：一艘没有目标的船，在海上无论往哪个地方航行，都会是逆风。

## 二、多讲方法

演讲时有一点非常重要，就是要多让听众有收获感，觉得没有浪费时间。我们可以换位思考一下，一场演讲假设演讲者只说了 20 分钟，可如果台下有 100 人在听，那加起来就总共花了 2 000 分钟，30 多个小时呢。而且就学习掌握效率来说，演讲其实不是最高的，一般来说，通过小组讨论、工作坊实践，学习效果最好。根据成人学习理论，像演讲这样的被动学习形式，一般只有 10%的吸收率。

那演讲如何能在有限的时间里，提升观众的收获感和知识吸收呢？戴尔·卡耐基曾说过：好演讲的首要和基本条件是沟通感，要让听众感到信息从演讲者的身体直达他们的脑内和心中。这里有一个诀窍，就是在演讲中少谈自己取得的成绩，多介绍工作方法。我们可以多讲讲在遇到挫折后是如何爬起来再前进的，如何去实现预设目标的，哪些措施是可以借鉴采用的。这些具体的方法才是帮助观众提升收获感的核心要素。

只有更多地在演讲里分享工作方法，说明我们是如何做到的，才能够让观众根据自己的情况参考应用，有收获。

## 三、说个故事

小卞同学，最近一年，你会在睡前抛球游戏中让我讲小时候的故事。我也会请你分享学校的故事作为回应，这件事我们都很喜欢，乐此不疲。为什么要在演讲中融入故事呢？最主要的原因是，人人都爱听故事，单纯的理论说教会让人感觉单调乏味，如果能加入故事，特别是自己的故事就能更好地打动听众。

怎么去讲好故事呢？演讲的时间很有限，而且讲故事本身并不是演讲目的，通过故事更好地切入主题和打动观众才是。一般来说演讲中讲故事的时间，不要超过 3 分钟，否则变成故事会就喧宾夺主、偏移演讲目的了。

在讲故事上，有一个模板可以给你参考：坎贝尔的《千面英雄》。在所有神话故事中，一般都有类似的情节：主人公先遇到挫折，跌入谷底，再通过某种方法迎难而上，最后攀上顶峰，达到故事高潮。这样整个情节会形成一个微笑曲线，也是最吸引人的。想一想西游记里孙悟空被压在五指山下，最后保护唐僧取经成功的故事；或者刘备三顾茅庐，请出诸葛亮出任军师的故事，你能体会了吧。

对了，还有一件事我必须十分坦诚，这段时候的抛球游戏，已经基本上把我小学时候发生的故事都给你讲完了，现在已经讲到中学了。这是因为我小时候的故事素材在减少，讲故事最难的其实还是素材。这就好比做菜，只有家里冰箱的食物足够丰富，我们才能从中充分选择，做一顿美味的大餐。

那我们今后如何收集故事，放进自己的演讲中呢？有三个办法推荐给你：读万字，行千里，记百字。

（1）读万字。指的是增加阅读量，如果每天的阅读量能到一万字，那么输入的理论、案例、故事就会源源不断地流入你的故事储备库中。一页书300～500字，我们每天只要坚持看30页左右，一万字还是有机会实现的。

（2）行千里。老话说得好：读万卷书，行万里路。我认为，行万里路更重要，因为自己亲身体验、感同身受的经历，会记得比较牢。如果时间有限，利用假期每年行个千里，其实也已经很好了，足够给你提供很多素材。旅途中发生的事、见过的风景、接触过的人，都会成为我们演讲的故事素材。

（第一次去巴黎拍铁塔，10岁）

（3）记百字。好记性不如烂笔头。我们如果把日常经历的好玩事情，看到的见闻找个本子写下来，哪怕就简单写个100字，只要逐渐积累，就相当于多了一个故事的保鲜库，等到演讲时及时调用并丰满润色就行了。

小下同学，昨天你说起那次演讲比赛，其实你在比赛时也紧张的，而且都出汗了，但你站在台上的那种自信、语句的组织、语速姿态，都让我们觉得超赞。我想和你说的是，演讲时其实只有两种状态：一种是紧张，另一种是非常紧张。我们要做的只是通过训练，避免非常紧张的状态，而适度紧张的状态反而是对演讲有益的。

祝你享受演讲，并通过演讲不断提升自己。

老　卞

2024 年 12 月 24 日

27 第二十七封

# 做了就会有收获

“一揽子计划，要先从一篮子开始。”

——龙涛

小卞你好，我是老卞，这是写给你的第二十七封信，我们来聊聊行动力。

给你写这封信的时候，我正在飞往美国奥兰多的航班上，去参加第25届国际医学模拟教育大会（IMSH 2025），并且有大会壁报发言和非技术技能工作坊这两项汇报任务。这个会议是医学模拟教育领域每年全球最大规模和最高水准的交流平台，要在大会上做两个项目汇报，还有一项是工作坊，此时此刻我很激动，很自豪，说实话也有些紧张。

因为我的英语口语并不及你，在家里的辩论老是我输，要在这样的国际大会上发言，我也是蛮紧张的。不过虽然紧张，在学术领域中我们还是要多向国际同行交流学习，并积极展示我们国家的模拟教育课程。所以，在去年初有了这个计划后，医院的模拟教学团队就从选题、确定讲者、与会务沟通、打磨内容，一步步走到现在。但其中最重要的就是有了这个想法后，就立即付诸行动。

行动力就像是一把打开成功之门的钥匙，无论梦想多遥远，只要我们勇敢迈出第一步，就已经走在了通往成功的路上。再举个例子，18年前，我们这群人准备拍摄《白领日志》时，其实连摄像机都没有拿过，也没学过剪辑，

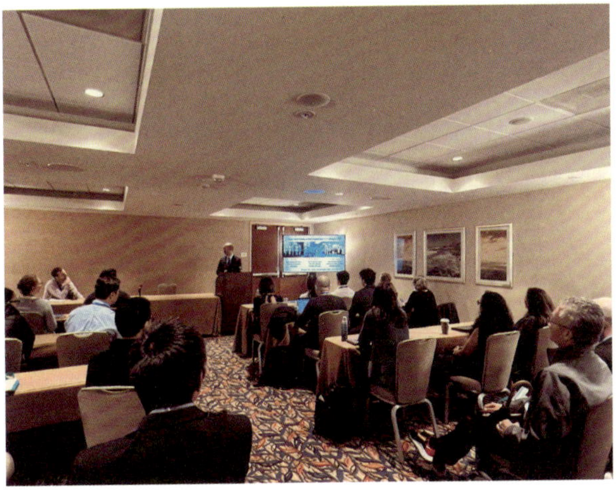

（爸爸第一次在国际医学教育论坛上分享，老卞）

但凭着一腔热血和对实现梦想的执着，决定付诸行动。

当年面临的困难可想而知：没有专业的设备，没有资金，更没有拍摄经验。但我们没有被困难吓倒，相反的，开始自学剧本创作，学摄影和剪辑技巧，甚至自己动手制作道具。每个周末，我们都聚在一起，讨论剧本、拍摄镜头、剪辑视频、录制原创音乐，过程充满挑战，但也乐在其中。拍摄三年后，终于完成了片子，最后还在医院里举办了个小型的首映式，收获了老师和同学们的热烈掌声。最重要的是，这个过程让我们收获了宝贵的经验，也明白了一个道理：行动力，是实现梦想的关键。

当然，前面我们说了行动力是一把打开成功大门的钥匙。有了钥匙，我们还得把它主动插进钥匙孔才能把门打开。门打开了，我们还要主动迈步向前才能进门。进门后还要思考往哪个方向走，会不会碰到阻碍，跌倒受伤了怎么办，被大风吹回来了怎么办。但一切的一切，都始于拿出钥匙打开门后走进去，身后大门哐当一声关上的那一瞬间。

具体要怎么做来提升行动力呢？我认为下面这三点很重要：

第一，制订目标计划。

第二，想象成功画面。

第三，脚踏实地实施。

## 一、制订目标计划

确定目标并制订计划，就像是我们准备建造一所房子的设计蓝图，只有心中有数，仔细规划，并按照设计图进行施工，才能最终把心目中的理想房子建好。这主要包括下面几点。

1. 确定目标

无论我们想做什么事情，都会有一个目的，英文是 Goal。可这还不够，我们还必须有目标，英文叫 Target。目的就好像是射击时的比赛项目，而目标才是靶子，是多少距离内射击、打几发子弹、最高是几环。目标是能被瞄准和执行，而且是我们跳一跳就能够得到的。比如，如果一个人想瘦身，那减肥就是他的目的。但光有目的没有用，他必须设定一个具体的减脂目标，比如三个月时间减 5 公斤，然后接下来才能制订策略。

2. 制订计划

有了总体目标以后，接下来需要制订一个详细的实施计划。这个计划应该包括每个阶段的目标、截止日期以及执行策略、指导教练、练习频率和场地设备等。还是以减肥为例，如果想在 3 个月内减掉 5 公斤，那么每天摄入多少的热量、通过跑步还是健身房锻炼、一周运动几次、每次多少时间等，这些都要详细计划。

3. 拆分任务

这是掌握性学习的关键，将大目标拆分成小任务。复杂技能都是由相对简单的各步骤组成的。这样化繁为简，不仅能让任务看起来更容易实现，也能帮我们更好地跟踪进度，及时调整计划。比如，可以将三个月的减肥计划拆分为每天的饮食和运动计划，每完成一天，就在日历本上打个钩。

## 二、想象成功画面

小卞同学，你听过望梅止渴的故事吗？一群饥渴难当的士兵只要想象自己走完这段路，就可以进入梅子林吃到酸甜可口的青梅，就立刻有了继续行军的动力。不断去想象成功时的画面，能给我们提供强大的动力。当我们在遇到困难时，想想成功后的喜悦，小伙伴们的庆祝画面，就会充满力量。

1. 具体化成功

试着具体化你的成功画面。比如，如果你想减肥，就想象自己穿上心仪的衣服，自信地走在大街上的样子。如果你想学会一项技能，就想象自己熟练地运用这项技能，得到别人认可和赞赏的样子。

2. 分享你的梦想

和朋友或家人分享你的梦想和成功的画面。他们的支持和鼓励，会给你更多的力量。比如，我们在《白领日志》剧本还没有写出来的时候，就已经公开宣布要拍这部片子，大家随之而来的鼓励、祝福与实际支持会给我们持续的动力。

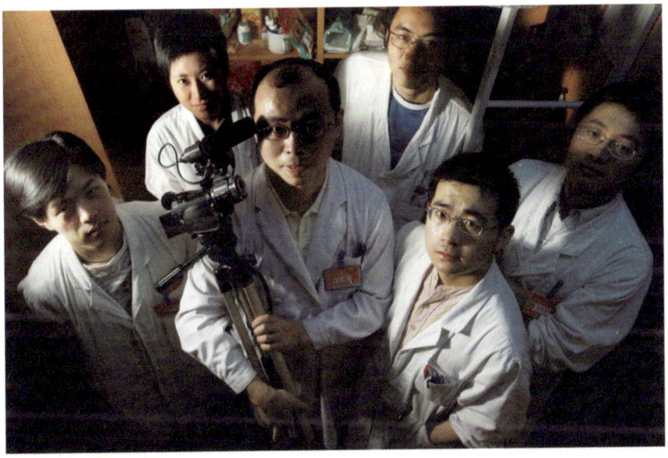

（第一次和医院同事拍摄电影《白领日志》，老卞）

## 三、脚踏实地实施

有了具体目标计划，并公开宣布了以后，接下来是行动力的最关键一步：脚踏实地实施。再完美的计划，如果不付诸实施，也只是空谈。

1. 立即行动

要等待完美的时机，完成一个梦想，最好的时机是 10 年前，其次就是现在。只要我们想清楚了这件事情是否值得去做，有没有机会完成，就开始行动。只要开始，就已经成功了一半。

2. 持续努力

行动的过程中，一定会遇到困难和挫折。关键是持续努力，不放弃，要做个长期主义者，每天完成一点，最后总会实现。比如，你前段时间遇到攀岩的瓶颈，但只要坚持下去，最终总会突破这个门槛。

3. 及时调整

在行动的过程中，根据实施后的具体情况，也要适时调整目标和行动策略，以确保最终工作效果和质量。每一阶段工作都需要不断根据执行后的情况与问题，讨论一下阶段策略，才会螺旋型向上。

记得你去年提出用废纸来做一个轨道游戏吗？从开始设计、计划、实施，虽然过程中遇到了不少困难，但我们始终没有放弃，并努力调整，直至最终完成。在这个过程中，你不仅制订了详细的计划，还积极地寻找资源和寻求帮助，我们每天都谈论完成后这个轨道的功能，遇到困难你也会及时调整思路。你看，小卞同学，无论是拍摄电影、学术交流，还是课堂学习、制作轨道游戏，都需要我们付诸行动。而制定目标计划、想象成功画面、脚踏实地实施，这三个步骤就是我们的行动指南。

小卞同学，现在我正在去往奥兰多的飞机上。再回到 IMSH 大会，你知道我最近能保持行动力，充满工作和生活热情的最强动力来源是什么吗？就是你！攀岩训练时候不惧跌倒，一次次尝试出手的你；学习时认真思考，努力准备每次测试的你，正是我的动力来源。

Keep Climbing，向上不止。

只要行动了，就没有失败，只有收获。

要么收获结果，要么收获经验。

祝你每天都有所行动，每天都有新收获！

老　卞

2025 年 1 月 9 日

28 第二十八封

# 找到一个好朋友

“我们的思维方式，无论正确与否，是我们的态度和行为的根本，归根到底是我们的人际关系的根本。”

——史蒂芬·柯维

小卞你好，我是老卞，这是写给你的第二十八封信，这封信我们来聊聊朋友。

你知道的，我有三位从初中到现在的好朋友，每年春节都会聚一下，各家带着孩子一起吃饭聊天，轻松惬意。记得我刚进初中时，一下子在学校里无所适从，每天的情绪也比较低落，成绩也好不到哪里去。后来，这三位同学和我渐渐走到了一起，那是一段很美好的学习经历，每天中午我们会一起去食堂买饭，放学一起在附近玩，下四国大战棋。

我很庆幸能有这三位好朋友的陪伴，每天都情绪饱满，成绩也稳步提升。初中毕业后，高中我们虽然在不同学校和班级，但这份友情一直保留至今。至今四人还是会定期聚会，只要一声召唤，大家再忙都会无条件抽时间到场，这样的聚会让我们都感到非常放松，获得很大的支持。

小卞同学，我们为什么要去交朋友，怎么去交朋友，交怎样的朋友呢？这封信想重点和你分享这方面的一些体会。

## 一、成长，就是人与人的关系学

英国牛津大学罗宾·邓巴教授曾提过一个概念：社交的邓巴数字。他

说一个人终其一生可能和成千上万的人打过交道，但是保持相对紧密关系的只有 150 人。其中最内核的 5 人，是我们最亲密的人，包括父母、配偶、子女。扩大到 15 人范围时，就是我们的亲戚、导师或密友。扩大到 50 人范围时，就是相对密切的关系，比如老同事、老邻居、好朋友。扩大达到 150 人范围，就是比较熟悉的同事、朋友。而这 150 人之外的其他人，很多就与我们擦肩而过，也许一挥手就再不会遇见了。

前些日子看过一本书，北京十一学校李希贵校长说过一句话："教育学其实就是关系学。"教育是关乎成长的，这句话或许也可以引申一下：我们每个人的成长，其实也是人与人的关系学。再考虑到邓巴数字，我们只会和 150 人产生比较深度的连接，那么思考怎么交朋友，交什么样的朋友就格外重要了。

好朋友能为我们带来什么呢？朋友能给我们带来快乐，可以分享喜悦和悲伤。他们能在我们遇到困难时伸出援手，也能在我们成功时一同庆祝。就像美国作家爱默生所说："友谊是人生的调味品，也是人生的止痛药。"

朋友的重要性不仅在于情感上的陪伴，更在于能给我们提供不同的观点和想法，帮助我们更全面地理解世界，更勇敢地面对挑战。我有一个水杯，很有意思，看似是个黑色的杯子，但只要注满滚烫的水，就会在杯身显示一张图片，上面有我很喜欢的一句话：人这个东西往往自己是看不见的，需

（最爱的水杯，老卞）

要撞上些别的什么东西，反弹回来，才会真正了解自己。

在成长的道路上，朋友是我们的镜子，他们的行为和态度往往能反映出我们的优点和不足。通过与朋友的互动，我们学会了如何与人沟通，如何解决问题，如何合作共赢。这些技能对每个人的发展都至关重要，也是我们在未来不可或缺的能力。

## 二、人对，比人多更重要

小卞同学，这学期你常常说，同桌对你学习的促进和影响很大。这两个学期，你和李同学、王同学、林同学和曹同学分别做过同桌，她们都是很优秀的同学。有的性格开朗，有的字迹娟秀，有的作业认真，有的擅于抓紧时间，在和她们同桌后一段时间，受他们影响，你也开始有了这些习惯，学习上也更有自信了。

你看，很多时候对我们成长影响最大的并不是老师，而是身边的朋友和环境。奇普·希思在《瞬变》中曾经描写过一个实验，在一家电影院入场时发放爆米花，一半场次发了中份，另一半场次发了大份。其实中份的爆米花已经量很多了，一般人吃不完。然而等电影散场的时候他去统计爆米花的食用量，发现拿到大份的人明显吃了更多的爆米花。这说明我们所处的环境和身边的人，对我们行为的影响是很大的。

为啥孟母会三迁，为什么很多父母会考虑为了孩子上学购买一套学区房呢？因为好的学校除了硬件强和老师优秀外，还有个很大因素就是学习环境。当身边的同学都热爱学习、积极向上时，身处其中，我们的孩子大概率也会热爱学习。好的朋友、好的学习和工作伙伴，能激励我们前进，也能相互促进成长。再考虑到前面说的邓巴数字，哪些朋友值得我们深交，可以纳入 150 人的社交圈呢？我想这样的朋友应该具备下面这些品质。

（1）正直诚信。一个正直诚信的朋友，会在我们迷茫时给予指引，犯错时给予提醒。他们的诚实和可靠，是我们宝贵的财富。

（2）积极向上。一个积极向上的朋友，他们的乐观和热情会感染我们，让我们面对困难时也能保持希望和勇气。千万别和消极悲观的人交往过深，他们的愿望往往会自我实现，身边人也会受到影响。

（3）共同兴趣。拥有共同兴趣的朋友，能和我们一起享受爱好带来的乐趣，无论是运动、音乐还是阅读，这些共同点都能加深我们的友谊。

（4）跨越专业。跨专业的好朋友能为我们提供不同领域的知识和技能，拓宽我们的视野，增长见识。比如，你擅长数学，而你的朋友擅长科学，你们可以互相学习，共同进步。

（和小师妹一起讨论攀爬线路，9 岁）

## 三、真诚，坦诚，还有诚信

在找到好朋友后，我们如何更深入更长久地和他（她）交往相处呢？我想这六个字，三个“诚”可以帮助你：真诚、坦诚、诚信。

（1）真诚。真诚的人，他们的话语和行动都是发自内心的，不是为了得到什么，也没有别人逼着他们这么做。就是那种从心底里散发出来的光芒，让我们的言行、想法、信念和价值观保持一致。就像是朋友之间的那份默契，不需要太多言语，一个眼神，一个微笑，就能感受到彼此。这样的朋友，相处起来特别舒服，因为你知道他们不会背后捅你一刀。

（2）坦诚。这就像是我们每家的窗户，窗明几净，让人一眼就能看到里面。坦诚就是那种在聊天、沟通或者表达时，毫无保留地展示自己的想法和感受。这需要朋友之间的信任，当一个人选择坦诚时，他其实是在表达一种对他人的信任，认为他人有能力、有意愿去理解和接纳他所提供的信息，所以愿意打开心扉，分享观点。

（3）诚信。这点其实最重要了。就像你借了朋友的东西，说好什么时候还，就得按时还。或者答应别人的事，言出必行，不管怎样都要尽力做到。这样朋友才会觉得你靠谱，值得信任。诚信就像是咱们的信用卡，要是经常逾期，那信用就坏了，以后谁还敢借啊。

小卞同学，朋友是我们生活中不可或缺的一部分，给我们带来快乐，分享我们的悲伤，在成长的道路上相互支持和鼓励。但在与朋友交往的过程中，还有一点很重要，千万不要抱着要从朋友那里获得什么的想法去交朋友，而是要思考自己能为对方提供什么价值。这种价值可以是知识、经验，也可以是支持和鼓励。当我们能够为朋友提供更多价值时，朋友间的关系自然也更牢固。

有一句话我很喜欢，朋友就是：

和喜欢的人，做有趣的事，走更好的路。

祝你能交到对你一生产生积极影响的好朋友。

老　卞

2025 年 1 月 22 日

29 第二十九封

# 一起来复个盘吧

“一切美好的事物都是曲折地接近自己的目标，一切笔直都是骗人的。”

——尼采

小卞你好，我是老卞，这是写给你的第二十九封信，也是你小学阶段的倒数第二封。还有最后一学期，你就从小学毕业了。我想，也到了和你一起总结的时候了。所以，这封信我们来聊聊复盘的方法。

先问个问题，你觉得学医，或者说学怎么帮别人看病，难吗？肯定难，医学是和人的生命打交道的，我们的决策和操作往往和病人的健康紧密相关。既然难，那年轻医生该怎么学，怎么成长呢？其实最重要的就是复盘。

在临床医疗里有很多提升医疗安全的制度，比如早交班制度，还有疑难、危重和死亡病人病情讨论制度。早交班的时候需要将前一天手术情况和病房里的重病人情况拿出来做诊疗汇报和决策讨论，其实就是对这位病人前一个工作日诊疗情况的复盘。而疑难、危重病人病情讨论，更是针对病情危重病人进行的深度复盘。你看复盘对于临床的安全是多么得重要，能够切切实实地保障病人安全。

模拟医学重在提升年轻医生的操作技能、急救技术和临床思维。情境模拟教学中有一句话很经典：一切的模拟都是为了更好地复盘。这句话揭示了复盘在医学教育中的核心价值。复盘让我们有机会从每个行动和决策中吸取教训,不断优化自己的行为模式。就像是给我们的经历做一次“回放”,重新审视过去的事情,哪些做得好,哪些需要改进、深入思考,为未来做更好的准备。除了医学,运动、学习、烹饪、养宠物等任何事情,都可以复盘。

通过有效复盘,我们能够更好地从经验中学习,提升自己,也能帮助你总结小学阶段的学习和生活点滴,为中学提前做好准备。那有什么方式能够提升我们的复盘质量呢?我有三点想和你分享,希望对你有帮助。

## 一、随时复盘,不拘形式

小卞同学,之前的信我们曾聊过,努力比天赋更重要。可是,努力也需要方法。现实情况往往是:即便拼尽全力去努力,如果缺乏复盘,我们还是会在同一个地方绕圈,陷入低水平重复,浪费时间和精力。复盘就是给我们的努力加成的一个好方法,它应该成为我们生活的一部分。每场球赛、每张试卷、每次演讲、每个项目,都是我们复盘的机会。这种持续的自我反思和评估,使我们能够全方位不断成长。

1. 小事勤复盘:积累经验的阶梯

在日常生活中,我们常会参加一些看似不起眼的小事,比如一次家庭聚会、一场学校演讲或者一次班级小队活动。这些虽然看似是小事,但实际上蕴含着丰富的学习锻炼机会。勤于复盘这些日常小事,我们可以从中积累宝贵的经验。比如,在一次班级演讲之后,我们可以仔细回顾演讲过程:语速是否适中?表情是否自然?与台下同学的互动是否得当?通过这样的复盘,我们能够发现自己的优点和不足,从而在下一次演讲时做出相应的改进。《论语》中有一句经典的话:“吾日三省吾身。”这句话强调了随时反思的重要性。我们可以理解为,每天都要对自己的行为进行复盘,不断地审视自己,促进自身的成长和进步。

2. 大事深复盘:提升决策的关键

遇到一些重大事件,如重要的考试、比赛或者关键决策,我们需要进行更为深入细致的复盘。这种深度复盘不仅有助于我们总结经验,还能够为

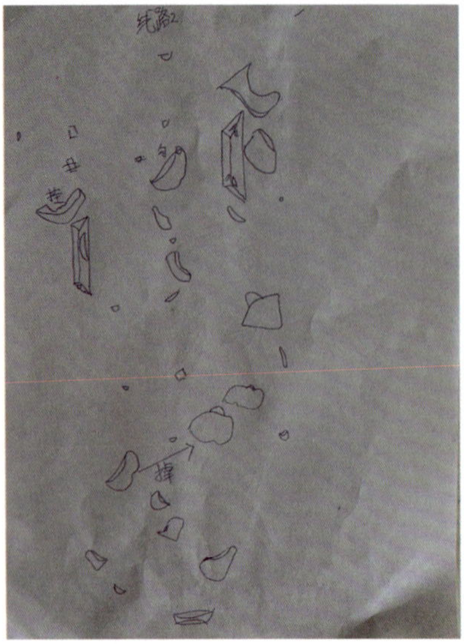

(参加全国攀岩少年锦标赛,10 岁)

未来的关键时刻提供宝贵参考。以去年国庆期间参加的北京全国青少年攀岩锦标赛为例,赛后我们通过复盘详细地分析了每条线路的攀爬要点,找出了自己在线路或攀爬技术上的薄弱环节,然后又去看那些高手的解决思路,据此制订下一步训练提升计划。通过这样的复盘,我们可以更加清晰地了解自己的不足之处,从而更有针对性地制订下一阶段的计划。

## 二、总结经验,制订计划

为了提升我们的复盘效率,可以使用一些工具。有很多模型可以帮助我们。这里要向你推荐我自己常用的 PDCA 模型,这是一种非常实用的工具,许多人会定期使用它来优化自己的工作流程。它由四个步骤组成:Plan(计划)、Do(执行)、Check(检查)和 Act(处理)。

(1) Plan 阶段:需要明确目标并把最后结果与目标进行对照,为接下来的深度复盘奠定基础。

(2) Do 阶段:明确计划推进过程中,具体的实施方案、资源组织、时间安排等环节,方便在核查时找出问题和改进点。

(3) Check 阶段:对执行过程中的关键节点和最终目标实现与否进行核查,评估任务完成情况,找出做得比较好的地方,以及存在的问题和不足。

(4) Act 阶段:需要对检查结果进行处理,肯定成功的经验并将其固化进标准流程,同时总结失败的教训,对于尚未解决的问题,则制定具体改进目标,纳入下一次 PDCA 循环中持续推进解决。

PDCA 循环法的特点在于它形成了一个发现问题、解决问题的闭环。通过不断地循环使用,前一阶段的问题可以在下一循环中得到解决,使得复杂的任务能够通过多次循环实践而逐渐趋于完善。这种方法在很大程度上避免了我们在面对复杂任务时容易出现的“三分钟热度”，或者“因任务难度较大就轻易放弃”的缺点，帮助团队或个人持续进步。

## 三、抓住重点，三到五条

小卞同学，在模拟医学教学复盘中还有个很重要的事项，就是把复盘的数量限制在 5 个以下。因为每个人的记忆有限，如果复盘数量太大的话，会超过我们的脑力负荷，很多就是左耳进右耳出，很难记住。这不是说老师不尽力或者讲得不好，也不是学生没有努力听讲。这就好比一个杯子就只能装这么多水，如果已经满了还往里倒，那些水也只会溢出来，相当于做无用功罢了。

复盘也是如此，一些重大决策的复盘我们当然可以细致入微，但日常复盘如果每次都涉及太多内容和要点，耗时耗力不说，效果其实也不好。因为如果超过了当事人的脑力负荷，他根本就记不下那么多。其实一次日常复盘，只要抓住 3～5 个点就很好了，找出进步的原因，发现提升的空间，并做出改进计划。不要觉得 3 个点很少，我们要做长期主义者，若一次复盘就能有 3 个点的改进，坚持下去，时时复盘，这些改进会给我们带来巨大的提升。

（医院内开设住院医师危机识别处置情境模拟课程，老卞）

小卞同学，复盘不仅仅是一个过程，更是一种态度。它要求我们勇敢地面对自己的不足之处，同时也肯定自己获得成功的方法。去年少锦赛比赛结束后，我们一起坐下来进行了复盘。你总结了比赛中做得比较好的 3 点，比如攀岩技巧运用、比赛心态和意志力。同时，也发现了 4 个需要提升的点，比如攀爬难度线路的体能分配、起攀速度、路线规划、某些特定动作的稳定性提升等。通过这次复盘，你不仅清晰地看到了自己的优势和不足，还制订了具体的改进计划。你决定每周增加一次难度专项训练；计划在每次训练时，强化路线观察与分析，并提升攀爬节奏，合理分配体能。这个复盘，让你在最近的攀岩表现上又有了明显提升。更重要的是，我们学会了如何复盘，学会了如何将我们的经验转化为前进的动力。

复盘的真正意义，是让我们把过去的每一天、每次行动、每张试卷，都变成自己的养分，吸收并化为己用，让自己比起昨天，再多迈出哪怕一步的距离。

祝你通过复盘，持续从过去获得能量，来帮助你更好地面对未来。

老　卞

2025 年 2 月 11 日

30 第三十封

# 在小小的“金矿”里面挖呀挖呀挖

“良好的健康状况和由之而来的愉快情绪，是幸福的最好资金。”

——斯宾塞

小卞你好，我是老卞，这是写给你的第三十封信，也是在你小学毕业前的最后一封了。写这封信时我很紧张，也很激动，因为写完这封信，你就要步入中学阶段了，可是，这封信我们聊些什么呢？

你知道吗？这封信我想过好多主题，很多次提笔又放下，眼前无数个你的成长画面闪过，像过电影：你出生时第一次看见你的可爱容貌；第一次抱起你；第一次奔跑追逐；第一次旅行；第一次背上书包；第一次上台演讲；第一次攀岩；第一次……

原来有那么多的第一次呀，现在想起来，真的好怀念！然后我在想，那么多事情，有哪一样是咱们从幼儿园持续到现在的呢？几乎没有片刻犹豫，立即就想到了：找金矿。就是这个我们从幼儿园玩到现在的游戏，那就在小学的最后一封信里聊聊，找金矿吧。

回想起来，我们是什么时候开始玩《找金矿》的呀？依稀记得是在你幼儿园中班，有次参观了某处废旧的金矿，在矿洞里我们模拟了挖矿过程，玩得很开心。当天晚上临睡前，我们还兴致勃勃地在床上把被子折叠起来模拟了高山和矿洞，并用手比作小人在其中的“金矿”里面挖呀挖，那应该是我们俩的第一次“找金矿”吧。

（第一次参观废弃金矿，5岁）

结束那次旅行回到家后，我们都觉得这个游戏很好玩，意犹未尽，于是就把“找金矿”保留了下来，每晚睡前必玩，并正式命名为“找金矿”时间。虽然每天睡前总把床上被子搞得乱七八糟，妈妈看了很恼火，但我们却好开心。随着时间推进，我们在“找金矿”时间里玩的项目也越来越多了：窗台上模拟做菜、躲窗帘后和假想的大灰狼对战、对扔飞盘、浴室里用塑料澡盆背面滚乒乓球冲出太阳系、洗脸盆里同时滚5个乒乓球、卫生间里乒乓球投篮比赛、折纸飞机大赛、趣味冰壶大赛、飞镖比赛，还玩过你设计的游戏纸上弹围棋子计分游戏……当我现在回想的时候，真的很惊讶，也很激动，原来我们玩过这么多自己设计的“找金矿”游戏呀。每一样都好玩，每一样都伴随着我们俩的大笑。

最近一段时间，我们在“找金矿”时间里游戏玩得少了，却常常在这个时间一起看书，然后在临睡前一起卧谈玩“抛球”游戏：相互问对方问题并分享彼此故事，你分享在学校的故事，我分享自己小时候的故事。每天晚上都是先各抛一个球，再唱首《我爱你之歌》，最后开心睡觉。

这封信里我想和你聊聊为什么一直很乐意和你玩“找金矿”呢？一方面

是因为我自己真的觉得很好玩很开心，另一方面我也觉得“找金矿”和抛球游戏对我们俩的身心健康蛮好的。小卞同学，我和妈妈都是临床医生，在我们的职业认知里，有两点是一个人成长过程中不可或缺的基本条件：

第一，身体健康；第二，心理健康。

我和妈妈的观点是，在成长的过程中，一定要保证身体健康和心理健康这两个基本点，而且这两点缺一不可，就像一个跷跷板，无论缺了哪头的重量，都玩不起来。而其他事情，包括学习成绩、职业收入、房子住所，其实都是在这两个基本点上所做的加法而已。在保证身心健康的前提下自然要去积极努力争取人生的各个目标，但若没了身心健康，这两个基石垮了，人也会被压倒压歪，其他的更无从谈起了。

那“找金矿”对身心健康有什么帮助呢？

短短的睡前游戏对于身体锻炼的帮助有限，但对于心理健康却相当有好处。现在每天的工作学习节奏都很快，无论爸爸妈妈在医院的临床工作，还是你小学五年级每天的上课考试。回到家里，我们需要一个固定的时间舒缓一下，把绷紧的弦放松一下。不仅是你需要，我们也同样需要。在“找金矿”的过程中，我们一起设计和实践各种游戏，这本身也是锻炼设计思维与动手能力的过程。而且最重要的是，我们的情感会在“找金矿”和“抛球”

（第一次去瑞士少女峰，10 岁）

过程中更紧密地联结，相互有所期待，愿意分享。因为在这个时刻，我们通过游戏，通过抛球，避免了父子之间单纯的理论说教，保留了伙伴或朋友之间的合作分享关系。

其实现在回想起来，这个“找金矿”游戏并不是我们独创的。在我小时候，阿爷就经常和我在家里玩了。我再抛个球，在我小时候，和阿爷阿娘住在曹杨新村一间朝北的小房间里，终日不见阳光，还蛮冷的。记得那时冬天洗澡是一件大事情，阿爷怕我冷，会用一根晾衣服竹竿支在家里，中间用晾衣架夹住塑料浴罩，把澡盆放在下面，这样澡盆里的热水就不会很快变凉。不过那时的我很调皮爱玩，记得在和你现在差不多大，好像也是四五年级时候吧，洗澡时我常会故意把肥皂水泼出澡盆，泼在水门汀地板上，然后我就会趁着阿爷去厨房加热水的时候离开澡盆，就着地上的肥皂水，整个身子贴紧地面来滑行，从房间一头嗖地一下到另一头。阿爷刚开始是呵斥我的，怕我受凉了。可是次数多了后，他也就默认我在家里玩起来了。于是，那时我会很期待每次洗澡时候的玩水时间。

哦，对了，还有每个周末早上醒来时，我都会粘着阿爷，让他给我讲故事。阿爷可会讲故事了，打仗的、抗日的、三国的、水浒的、他小时候的、他听来的，每个故事都让我着迷。这种宽松的游戏氛围，这种分享故事的回忆，现在想来，和我们的“找金矿”和抛球游戏好像呀。原来这都是我和阿爷在小时候做过的呀。

小卞同学，为什么要在小学最后一封信里啰里八嗦地和你说这些呢？其实我是有些怀念和不舍的。因为马上五年级要结束了，妈妈说等你小学毕业后，你就要单独睡小房间了，那时也许我们晚上一起聊天抛球的机会就会减少了吧。

我知道总有一天，你会渐渐有你自己的喜好，我也会手脚和思维日渐缓慢，渐渐跟不上你的节奏；总有一天，你会独自踏上这社会实现你的价值，你会独立成家，也许回家的次数越来越少，陪伴我们的时间也会越来越短。我其实觉得这样也还不错，作为男生你应该独自走出自己的天空。

不过就算到那时，我仍旧，会在每天的“找金矿”时间在家，等你。等着你一起在小小的“金矿”里面挖呀挖呀挖，无论哪一天你回家，我们都再玩一次“找金矿”，一起抛个球。

小卞同学，你会长大，我们都会长大。你会改变，我们也都会改变，无论容貌还是身体机能。唯一不变的是，每次临睡前我会期待和你一起玩“找金矿”，期待对你唱起那首《我爱你之歌》。

我爱你小卞同学，我们爱你，
成长快乐，小学毕业快乐，
请继续往前大踏步走吧。
我们中学见。

老　卞

2025 年 6 月 1 日

（开始新的旅程，10 岁）

# 附
# 写给父母

写给父母 01

# 实习爸妈的"三板斧"

其实从小卞同学刚进幼儿园起我就有了想写点什么的念头，记录生活点滴，总结成长经验，调整家庭策略。我和孩子妈都是医生，她主内，我主外，有时候工作事情一多就拖延下来了。不过，最主要的原因还是我们自己没底。我俩又不是搞教育的，也没有育儿经验，写这些谁要看呢？

毫不避讳地说，我们在育儿经验上真是一对"小白"，和很多"牛娃"爸妈相比较，无论教育理念还是陪娃时间都差距好大。不过嘛，就像学医时候经历过的实习医生阶段，第一次独立询问病史体格检查、头一回换药拆线，什么事情都是自己经历过后才会总结掌握。通过写信记录这样的方式把我俩这几年第一次为人父母的实习经验记录一下，也许有利于自己在今后的日子里进一步提高吧，如果能给即将也成为实习爸妈的您带来一些参考，那就更开心不过了。

下面说说我们家的带娃三板斧：

第一，共同制订计划。

第二，游戏力。

第三，高质量陪伴。

## 一、共同制订计划

这个建议来自一本书《正面管教》，是有关育儿的经典书籍，相信很多爸妈都读过。我们也是从这本书里吸收了好多营养，帮助我们跨出了育儿启蒙的第一阶段。这本书的作者是简·尼尔森，但正面管教理念的创始人，是奥地利精神病学家、个体心理学创始人阿尔弗雷德·阿德勒和美国儿童心理学家鲁道夫·德雷克斯。

正面管教是一种既不严厉也不娇纵的方法，它强调既不要羞辱孩子，也不能骄纵娃儿的不良行为，并且在解决孩子各种问题的同时，帮助他培养更多能力。书里介绍了好多具体的方法和工具，我们以后会慢慢聊到，这里先提一下我印象最深的共同制订计划。

作者认为家长应该平等看待自己的孩子，不要只训诫孩子：别做这个，别碰那个，而应该教给孩子解决问题的实际办法，并且和他共同制订计划。这里面有个基本原则，就是信任。父母要充分相信子女，特别是3岁以上有一定生活自理和独立思考能力的孩子。相信他们能够配合父母共同制订生活和学习计划；相信他们能按照计划严格执行并完成；相信他们能从完成计划的过程中收获正向反馈，培养良好的学习习惯。

## 二、游戏力

这个词也是来源于一本经典的书，叫《游戏力》，作者是美国临床心理学家劳伦斯·科恩博士。这里的游戏力包括但并不仅是做游戏，更是要求父母以游戏的方式、以轻松亲密的互动，与孩子建立起亲密联结，获得共同成长。

在书里，作者把孩子的内心需求和情感比作一个杯子，需要源源不断地注水来保持充盈。当孩子累了或难过失望时，代表这个杯子就要空了，需要我们加水，一旦加满水，他们就会活力满满地去探索去尝试。有安全依附感的孩子，有时候仅靠想象一下自己的父母，或者安慰自己，和其他同伴保持联结，就能够蓄满杯子。当孩子们长大后，就可以通过学习新知识、发展兴趣和结交朋友等来自行蓄满杯子。当孩子表现出调皮捣乱、暴力倾向、不服管教时，也许他们只是想表达出“我需要续杯了”，这时候，如果父母和孩子能够大笑着玩一场游戏，并坚持保持联结，效果就会好很多。

## 三、高质量陪伴

在陪伴孩子时间上我们俩都比较惭愧，因为工作原因不可能每晚都陪在孩子左右，身为双职工医务人员，经常要参加科室值班或者有急诊突然被叫去医院帮忙，周末值班也是习以为常的。

那怎么办呢？我们坚持 3 点：

(1) 尽量抽时间。每天回家后的时间都属于家人，如果到家比较晚，只要孩子没有睡一定陪他玩一会，读几本书。

(2) 提高陪伴质量。除了一些紧急电话尽量不碰手机，把时间完完全全交给孩子。

(3) 爸妈相互配合。提前一周沟通好下周的日程安排，尽量避免两人都不能回家陪娃的情况出现。

总结一下，要想取得孩子的配合，需要：

第一，充分信任孩子自主能力，与孩子共同制订日常计划。

第二，利用和孩子游戏的方法增进感情，提高育儿效果。

第三，尽量抽出更多的时间陪伴孩子，让他体会到父母在的安全感。如果实在没有时间的话，高质量的陪伴更加重要。

带娃的路上，也需要我们长期去学习探索。

共勉。

# 孩子需要全程相伴，但切忌寸步不离

昨天是“五一”假期第一天，孩子妈要去医院值班，轮到爸爸带娃。公园里想必人很多，咱就不去扎堆了。吃过早饭，来到小区儿童乐园，儿子很兴奋，说要爬单杠给我看。到攀爬区果断出击，虽然期间摔下来了几次，不过还是不断尝试终于成功。在周边人的赞许目光中，孩子爬得越来越起劲，来来回回二十几次，小手都磨红了。

不过这孩子以前的运动能力可没有那么强的，记得在他一岁多的时候还不会走路。那时我们不太懂，工作也忙，孩子放在老人家里请阿姨帮忙带。阿姨其实也很用心和认真，可是一旦涉及孩子的走路运动时她就格外小心了，生怕磕到摔倒，引起不必要的麻烦。

换位思考一下，其实我们很能理解，毕竟小孩子摔倒，家长看在眼里都是会着急的。可长期这样的话，孩子每次练习走路时，阿姨都要严厉把控，稍有踉踉跄跄就要立刻抱起，真不知哪年哪月才能学会走路了。考虑到问题的严重性，我们开了一次家庭会议，最后决定把孩子接回自己家来带。父母带娃还是比较舍得放手的，反正大不了就摔呗，摔多了自然也就慢慢会走了。

通过这个事情，我们俩总结了一个经验，就是小孩子的运动能力是可以被培养出来的。不过也需要一些原则和技巧。总结起来大概有三点：

第一，坚持计划，不随心而为。

第二，鼓励过程，不对比羞辱。

第三，适当放手，不全程把控。

## 一、坚持计划，不随心而为

孩子的发展，无论身体还是认知都有一个过程，在不同阶段就安排不同项目。为此我们做父母的需要做一些功课。总体来说，孩子的运动发展可以分为大运动和小运动。大运动调配身体运动，小运动控制精细动作。

出生后至1岁的孩子：会逐渐掌握翻身、坐、爬、行走，可以拿到自己想要的物体；初步认识到大拇指的作用，并与其他四指分工，能够学会“握”这个动作，可以捡起一些细小的物体。

1～3岁的孩子：身体动作更加协调，逐渐掌握原地跳、跑、爬楼梯；手的协调动作进一步发展，开始独立简单地使用工具。

3～6岁的孩子：身体各部分动作已比较协调，能维持身体平衡和动作的准确性，能掌握大部分精细动作和大动作，也是孩子学习运动技能的最好时期。家长要鼓励孩子掌握单脚跳、接球、骑三轮童车、自行车等大动作，同时也注意让孩子练习折纸、剪纸、画画等精细动作。

父母在引导孩子发展运动能力时候要熟悉孩子各个阶段的身体特点，从而开展相应的活动，千万不要好高骛远，拔苗助长。

## 二、鼓励过程，不对比羞辱

先来做个假设：如果你去参加一场同学聚会。毕业20多年没见了，当然很开心。可是交流下来发现，老同学这个是企业老总，那个是海归精英，自己只是普通职员。这时候如果有人对你来一句“哎呀兄弟，怎么毕业那么久你还在老地方混着呀”，这时你会怎么想？肯定不会觉得开心吧？反而会觉得受到羞辱，下次同学聚会再也不想去了。

带娃也是如此！

每个孩子的运动特长不一样，有的擅长跑步，有的熟练骑车，还有的平衡能力特别好，这就像各色花朵，都是绚丽绽放着的。可如果别人说一句：“哎，你看看你，骑车都不会骑，你看班级里的谁谁，早就骑得很好了，运动能力真是太差了。”请闭上眼睛换位思考，体会一下娃儿听到这句话的心情会怎样。肯定也是不开心吧？他也许不会和父母争辩，可是会有更大概率就给自己下了“我运动能力不行”的定义了。接着会在运动这方面越来越没有信心，通过失败的体验来增强“我运动能力不行”这个定义。这才是真糟糕了。

正确的做法是不能太看重结果，而要鼓励和赞许孩子每一次努力的过程，激励孩子们通过努力去实现自己的目标。这么做还有一个更大的好处是锻炼孩子面对失败的能力，毕竟在今后的学习和工作生活中，相比成功，他们会经历更多的失败体验。

## 三、适当放手，不全程把控

有时父母可能会有一种看法，认为孩子是我生的，他就必须言听计从。父母也有责任要时刻保护孩子，呵护孩子，最好不能让他受到一点点的风雨和伤害。孩子是父母生养的没错，但却不属于父母，而只属于他自己。在今后的人生中他必须也必然要远离父母独自闯荡江湖，难道父母可以照顾得了孩子一生？别说不可能，就算可以，那也不是孩子，而是宠物了。

我们必须对父母的定位有个清晰的认识，在养育过程中，我们要去帮助孩子逐渐树立起独立自主的品格，善良积极的性格，还有坚忍乐观的人格。为了达到这个目标，就要让孩子多实践多尝试，学会从失败中去吸取教训，总结经验。

而我们替孩子所包办的任何事情，实际是剥夺了他们的学习机会。

可以怎么做呢？最重要的是评估。在孩子能力还未达到的时候去支撑引领一把，在孩子将要够到的时候适时放手，让他自己体会努力的辛苦，失败的难过，成功的喜悦。这样孩子们才能建立信心，将来更好地去面对这个精彩世界。

总结一下，孩子会伴随父母一生，父母的早期教育和支持会决定他们的发展方向和性格特点。既然已经决定要生养孩子，就没有理由随意放养，但也切忌抓在手里不放。

第一，仔细研究孩子的每个时期特点，尽早制订运动计划。

第二，在整个过程中肯定孩子努力过程，而不能嘲笑羞辱。

第三，在孩子需要陪伴的时候付出时间，在孩子渴望探索的时候放手鼓励。

带娃的路上，也需要我们长期去学习探索。

共勉。

写给父母 03

# 实习爸妈带娃的经济学思维模型

很多人提过一个问题，你们家是怎么安排时间来带娃的，作为双职工医生家庭，我们每周都要值班，工作日晚回家也是家常便饭，这个问题其实也蛮困扰我们的。如何才能做得更好一些，有时候一个领域的问题，在其他领域已经帮你准备好了解决方案，这就是查理·芒格所说的多元思维模型。芒格说，一个人最好要熟练掌握50种以上的思维模型，遇到问题才能在不同思维模型间熟练切换。今天，我们来聊一聊初为父母带娃的经济学思维模型。

这篇文章的主要理论内容都来自薛兆丰老师的《薛兆丰经济学讲义》。我看了以后从中思考了一些带娃方面的实践应用，主要有三点：

第一，带娃的时间边际效益。

第二，及时放弃沉没成本。

第三，带娃的比较优势原理。

## 一、带娃的时间边际效益

边际效益在经济学上是指每付出的一份资源所能获得的最大价值。这个概念其实不算难，可以理解为追求每份资源的性价比。比方说，我有一小时陪娃，那这一小时做什么呢？是用来学英语，还是搭积木，还是看书？该如何去选择？

做这个选择前，我们需要了解孩子学习和做事的习性，对于8岁以前的孩子来说，要让他们保持半个小时的专注力，还是还蛮难的。不论做什么，一旦超过了半小时，可能注意力就开始分散，这是这个年龄段孩子所共有的现象。所以我们在安排陪娃内容时就可以根据娃儿的这个特性以半小时为一个档期安排一个内容，这个档期的内容可以是学习，也可以是家庭游戏或者体育活动。

在这半个小时档期里，一般前 25 分钟专注活动，进入心流，剩下 5 分钟喝水或休息。之后进入下一个“25＋5”的档期。这其实就是番茄工作法的时间分配原理，通过这个方法，也能使带娃时间边际效益达到最大化。

## 二、及时放弃沉没成本

经济学上的成本是指做出一个选择后所放弃选项的最大价值，而沉没成本就是指所放弃的事物没有任何价值。我们身边的沉没成本实例其实是很多的，比方说去看电影，开场 10 分钟发现这真是一部烂片，不值得再继续看下去了。可是电影票已经买了不能退，这时最好的选择就是起身离开电影院，因为如果再看下去我们还会浪费更多的时间。但平心而论，我们多少人会在电影放映 10 分钟的时候选择起身离开呢?

再举个例子，我家娃儿中班时报过一个某机构的思维课，当时买了 2 年的课时，可是上了以后发现感觉不太好，频繁更换老师，学习效果也不理想。于是 1 年后，我们选择了放弃，虽然剩下的课时也不可能退了，但如果再继续，只会搭进去更多的时间成本，还不如用这些时间多在户外活动活动。对于沉没成本，依据经济学原理，选择放弃是相对最好的决定。

## 三、带娃的比较优势原理

比较优势原理就是指别指望一个人可以包揽所有事情，应该让专业的人做专业的事，通过分工合作或者购买产品来实现整体最大价值。这个比较容易理解，我们都知道现在的产业已经是全球化了，一个手机的零部件，可能屏幕是一家厂产的，芯片是另一家的，内存又是第三家厂提供的。通过这样的高度专业化可以实现付出最小的价值得到最优的产品。简单说就是让最擅长的人去做擅长的事。

具体怎么应用呢？可以分为两方面。

一方面在家里要分工明确，父母两人谁更擅长哪方面内容，就把这部分学习交给他负责。比方说爸爸一般理科和运动比较好，妈妈可能语文和英语好一些，就可以在辅导娃儿作业的时候有所调节搭配。

另一方面就是要选择好的学校与老师，家长要做的就是尽可能地配合老师完成学习任务，因为老师在教学这方面肯定是专业的，是经过长时间训练和实践的，那我们就要去信任学校和老师，配合做好教学工作。

总结一下，关于带娃，我比较相信保守主义和长期主义。保守主义不是拒绝接受新事物，而是经过思考做出了某个选择后就去长期坚持执行，不轻易变来变去。我们这个世界变化太快了，有时候难免会迷失了眼睛难以做出取舍，但有一句话我特别喜欢：用一个人长期主义终身学习的确定性来对抗整个世界的不确定性。

带娃的路上，也需要我们长期去学习探索。

共勉。

写给父母04

# 点燃孩子心中的火

“教育的本质是点燃、鼓舞和唤醒。一万次的灌输，不如一次真正的唤醒。”

——苏格拉底

## 一、发现热爱

小卞同学接触英语是从 2 岁开始的，因为一方面这个阶段是语言敏感期，另一方面，他 2 岁左右，母语已经基本会说了。当时买了一套英语少儿读物，每天放音频给他听。突然有一次去游乐园，他看到滑滑梯，脱口而出“Look! It's up and down!”我体会到了一定量的输入就会有输出。

3 岁，报名了一家儿童英语机构，开始系统化学习。幼儿园中班，转到另一家托班性质的英语机构，每周有一整天时间在机构沉浸式学习。到这里为止，我并没有发现他英语有任何特别之处，甚至几个字母大小写反复教 10 遍都记不住；所有的英语问题都用“My name is...”(我叫……)来回答。

## 二、支持兴趣

英语的第一次提升是新冠疫情期间。幼儿园大班后半学期，疫情情势紧张，老人和孩子都不敢出门。家里恰好有一套牛津树绘本配点读笔。刚开始，给他布置每天听5本书，等妈妈下班读给妈妈听，通过的话就在书本上打钩，他非常喜欢“打钩”这种仪式感，很乐于坚持。慢慢地，他爱上了点读笔里伴有各种音效的轻松诙谐的音频，每天沉浸其中不能自拔(这种喜爱从4岁开始延续至今已有6年，空闲时间他总是在沙发上听英语书)。之后，他的英语听说能力有了很大进步，此时适时引入了外教线上课，让他敢开口。到这里为止，我们发现他是一个对语言比较敏感，并且靠听力输入的孩子。

英语学习第二个提升是小学三年级，学校老师推荐他参加“希望之星”英语演讲比赛。决赛环节，考察方法是在题库中随机抽取三个英语单词，编一个故事。根据以前的学习经验，考试和比赛一般都需要模板，妈妈根据他最喜欢的英语读物中“The Magic Key”(《神奇之钥》)的故事主线写了一个故事模板，教他把随机的单词代入这个模板，可以编出异曲同工的故事。我们每天都练习几组词语，编几个不同的故事。出乎我意料的是，两周后，他居然可以脱离模板，天马行空地编故事了。孩子真是太神奇了，只要你挖掘的方向正确，并信任他鼓励他，他就会给我们带来惊喜。最后那次比赛，他也拿到了不错的名次。

第三个提升就是小学五年级的ESDP比赛。这是小卞同学第二次参加，第一次没有通过半决赛。吸取了第一次的经验，我们觉得还是需要把题库过一下。刚开始是艰难的，因为要根据随机题目，在15秒内构思完毕，并立即做出一分半钟的演讲。很多时候，题目出来，他都没有思路。其实这对于成人来说也很难，因为不仅是对语言能力的考察，更是对思辨和反应能力的考察。我们每天就像头脑风暴一样，根据不同的题目，一起想出2～3个论点。惊喜又一次降临了，不久之后，他就不再需要我的参与讨论，再偏的题目也可以讲出一二三来。令我印象深刻的是，培训课上他抽到一道题：Do you think it's necessary to keep up with fashion trends?(你认为需要跟上时尚潮流吗?)结果他在课上居然洋洋洒洒给出了2分钟的演讲，还得到了老师好评。他已经从两年前参加“希望之星”比赛，即兴回答问题都用 Yes, because I like it. /No, because I don't like it.(是的，因为我喜欢/不，因为我不喜欢)的小孩，蜕变成一个出口成章的“小孩哥”了。最后在ESDP比赛中他也如愿进入了决赛，并拿到了不错的名次。

## 三、总结复盘

任何成果一定不是孩子的终点，它们只是下个目标的起点。比赛得奖不是目的，它只是方法和媒介，培养内驱力才是真正目的。我们要通过比赛的正反馈和赛后复盘，逐步激发出孩子学习的内在动力。比如这次 ESDP 比赛后，小卞同学总结说接下来的目标是增加阅读量、扩充词汇量。

做家长是一场修行，每一个孩子都是家长的一个课题。作为家长，在日常的陪伴过程中，要细心观察孩子、发现孩子的特点，并帮助他们认识到自己的长处，在此期间不断给予正反馈，让他在某一方面建立信心，最终培养出一个有独立人格、热爱学习、自主学习、终身学习的人。

带娃的路上，也需要我们长期去学习探索。

共勉。

# 致　谢

去年夏天，我去海口讲课，来机场接我的是海南医学院的阮国竹老师。那是我们第二次见，之前加过微信，阮老师在从机场去会场的路上，聊起曾看过我们的实习爸妈公众号，说蛮喜欢的，还催促我尽快更新。我一下子很感动，自己在碎片时间写着玩玩的文字，竟然会有远在千里之外的人说喜欢看，这实在太神奇了。那次从海南回上海后，我明显加快了写信速度，把很多之前写过一些大纲的信件落地成文。在这里，阮老师，谢谢你的支持，感谢。

24 年前，我还是仁济医院普外科的研究生，也分管床位。一位新来的实习医生来科里轮转，那天也是她实习的第一天，我是她的第一位临床带教老师。这位实习医师很努力，跟我学了很多外科换药、拆线、拔管的技巧。她看我经常不吃早饭，主动帮我每天带 2 个肉包和 1 包豆浆。再后来，她成了我的太太。感谢缘分，在漫长的岁月里，她始终是我们家最坚实的后盾。无论是面对生活中的琐事，还是写作时的灵感碰撞，她都陪伴在我身边，给予我无尽的支持和鼓励。她的理解与包容，让我在忙碌的生活中，还能抽出时间来完成这些信。她的爱，如同温暖的阳光，照亮了整个家庭，和我前行的道路。在这里，谢谢你的支持，感谢。

47 年前，我来到了这个世界，爸爸说我的哭声很大，还说妈妈为了怕我的脑子变笨，拒绝了产科医师在手术时使用麻药。我不知道这件事情的真假，以我现在医院工作的所见所闻，很难想象一个人可以不用或者用很少剂量的麻药挺过剖宫产。在后来的成长中，父母始终努力给予我他们所有的爱，虽然我小时候比较淘气，长大后又忙于工作和他们沟通不多，但我很想用这样的文字方式和我的爸爸妈妈，也和太太的爸爸妈妈说一声：谢谢你们的支持，感谢。

10 年前的那个夏天，小卞同学来到这个世界，我之前从没有想到过生育孩子对我们是那么的重要。看着你出生后大声哭，学说话，学爬行……我和妈妈都觉得养育你是我们做的最重要和最正确的决定，没有之一。谢谢你给我们的家庭生活带来了丰富多彩的颜色，谢谢你一直宽容我们作为实习爸妈不是那么擅长带娃的狼狈，谢谢你给予了我们那么多的灵感，和这本书稿。谢谢你的支持，感谢。

谢谢幼儿园时期带了小卞同学 3 年的班主任林老师，正是在林老师的帮助和引导下，小卞从害羞内敛的小男孩，成长为自信开朗的阳光少年。谢谢小学阶段孙老师、叶老师、许老师、Judy 老师、纪老师、张老师、Vicky 老师，和所有老师们。谢谢各位老师的教导与鼓励，帮助小卞同学一路健康成长，全方位提升。谢谢幼儿园和小学班级的各位同学们，特别是幼儿园时期的思嘉同学和小学时期的悦琳同学，你们一起相互鼓励，团结进取，虽然有时也闯过祸，但那不就是青春的颜色吗？谢谢你们的支持，感谢。

感谢我的同事和朋友们，在日常的工作中，相互协作，共同进步。你们的鼓励和支持，让我能够在繁忙的工作之余，有热情去完成这些信。特别感谢口腔科张国华主任，每次他都会转发我们在实习爸妈公众号里不成熟的文字，这样的正反馈给我们带来了极大的鼓舞与信心。谢谢你们的支持，感谢。

感谢从小到大指导过小卞同学攀岩的各位优秀教练，范毅教练、悟空教练、新华教练、冯博教练、馒头教练、可可教练、李文凯教练、开水教练、延科教练，是你们让小卞同学热爱上了这项运动，并通过运动获得了更强壮的体魄与更全面的心智。谢谢和小卞同学一起攀岩训练和参加比赛的珺珺小师妹，你的天赋、思维、鼓励和支持，是小卞同学一直学习与提升的动力所在，你们是最棒的攀岩搭子。谢谢你们的支持，感谢。

最后，要特别感谢上海交通大学出版社的各位领导和编辑，是你们的专业和敬业，让这本书能够顺利出版。你们对文字的热爱和对品质的追求，让我深受感动。在与你们合作的过程中，我学到了很多宝贵的经验。感谢你们，让我们能够有机会将这些信和理念传递给更多的人。谢谢你们的支持，感谢。

当这本书即将画上句号时，我的内心充满了深深的感恩。感恩生命中出现的每一个人，是这些瞬间，是你们这些人，让这本书得以诞生，也让我的生活变得如此丰富多彩。这本书，是我们对你们的一份心意，也是对生活的热爱和感恩的表达。希望大家能够喜欢这本书和这些信，也希望这些文字能够给所有读者带来一些感动和收获。

再次感谢大家，让我们在这个美好的世界里，感受到爱与温暖。

小下同学，中学见。

老　卞

2025 年 2 月 2 日